新しい時代の学童保育実践

Innovations in After-School Childcare Practices

中山 芳一 著
NAKAYAMA Yoshikazu

かもがわ出版

はじめに

　学童保育は、1997年に児童福祉法第6条に「放課後児童健全育成事業」として法制化され、翌1998年度から施行された。あれからちょうど20年が経ち、学童保育の社会的ニーズの高まりは止まる所を知らない。2016年5月1日現在、厚生労働省の調査によると、全国の設置箇所数は23,619か所に及び、すでに小学校や乳幼児保育所の設置個所数を上回るほどになっている。同じく、利用児童数も1,093,085人となり100万人を大きく超えながらも、いまだに潜在的待機児童は約30万人といわれている。これらの数字からもわかるように、我が国の少子化対策としても、また男女共同参画推進にとっても、学童保育は必要不可欠なものとなっている。さらに、不審者や交通事故の問題が叫ばれるなかで、小学生の放課後を安心して豊かに過ごせる場として学童保育に寄せられる期待も大きい。学童保育がこれほどまで求められるようになったのも、上述のような社会的背景に加えて、現場の職員や保護者、研究者、行政や関係する人びとの語り尽くせぬ多くの努力があった。そしてこのような文脈のなかで、いま学童保育はさらなる新しい時代を迎えようとしている。

　この新しい時代を象徴するものの一つが、2015年から始まった「子ども子育て支援新制度」であることはいうまでもない。新制度の流れのなかで「放課後児童健全育成事業の設備及び運営に関する基準（厚生労働省令第63号）」が策定され、各自治体では条例が設けられた。また、「放課後児童クラブ運営指針」によって、支援や運営のあり方が明確に言語化された。これらに基づいて「放課後児童支援員認定資格」という国家資格に準ずる資格も誕生し、47都道府県で研修も実施されるようになった。当然のことながら、これらの整備に伴った国の予算も大幅に増額されている。戦後、働く親たちの願いから始まり草の根式に広がっていった学童保育が、こうして実を結び始めたことで、まさに新しい時代の扉が開かれたのである。

　しかしながら、このような法的な整備や予算の増額が実現しても、現場の職員や自治体行政がその変化に対応しきれていない状況も否めない。たとえ、これまで以上に勤務時間を確保できたとしても、実際にどのような業務を遂行すればよいのかがわからない……。運営指針では、計画や記録、事例検討の必要性が明記されているものの、その方法がわからない……。放課後児童クラブの量的拡充から質的向上に力点が置かれるようになってき

ても、そもそも何をもって「質」というのかがわからない……。実際に、こうしたさまざまな悩みの声が各地の現場で上がってきている。せっかく新しい時代が始まろうとしていても、これら現場レベルでの悩みが一つひとつ解消されていかなければ、新しい時代を謳歌することはむずかしい。

　新しい時代の学童保育には、放課後児童支援員等（補助員を含む）と呼ばれる公式の資格をもったプロフェッショナルが存在する。それならば、プロフェッショナルとして求められることがある。この「プロフェッショナルに求められること」について提起するのが本書の役割だと考えている。もちろん、すべてを網羅することはできず、実践に焦点を当てた限定的な提起である。しかし、まちがいなくこれからの学童保育に求められることであり、すでにこれまでの実践に求められてきたことでもある。

　本書の具体的な内容は以下の通りである。

　第1章では、学童保育実践の質について論じておきたい。すでに乳幼児保育領域で提起されている質の諸側面を手がかりに、現場だからこそ高められる実践の質が何かを明らかにする。また、その際に学童保育実践の構造について現時点の到達点を示すこととする。

　第2章では、実践の質を高めるための記録について論じることとする。特に、住野好久・中山芳一による『学童保育実践力を高める―記録の書き方・生かし方、実践検討会のすすめ方』（2009年、学童保育指導員専門性研究会編、かもがわ出版）をフィードバックした上で、新たな記述も加えている。

　第3章では、前章と同様に実践の質を高めるための実践事例の検討について論じることとする。ここでも前掲書の内容に新たな記述を加えた。

　第4章では、実践中に子どもたちのさまざまな姿をエピソードとして言語化し、職員間で共有するとともに、通信等で保護者と共有できるための方法について論じる。一人ひとりの子どもたちの表情や言動に気づき、意味づけができる力を高めるためのきっかけにしてもらいたい。

　第5章では、学童保育の評価をテーマとした。ここでは、まず学童保育実践のなかで子どもたちが獲得・向上していく力について明らかにしておく必要がある。そのため、「非認知能力」という概念を手がかりにして、一人ひとりの子どもが身に付けていく非認知能力のアセスメントについて言及した。

　以上、本書を構成する全5章を通して「学童保育実践の質とは何か」「実践の質をいかに評価し、向上させていくことができるのか」という問いに迫りたい。その結果として、本書が新しい時代の学童保育を切り拓くプロフェッショナルたちの一助となることを願っている。

2017年10月　著者

新しい時代の学童保育実践　もくじ

はじめに……………………………………………………………………… 3

第1章　学童保育実践の質　　　　　　　　　　　　　　　　　9

①よい学童保育とはなにか …………………………………………… 10

よい学童保育を問う　　　10
学童保育の質の諸側面　　　10

②学童保育実践の構造 ………………………………………………… 13

養護・ケア・教育の総体としての学童保育　　　13
目的意識的な働きかけとしての学童保育実践　　　14
子どもの意思決定を前提とした学童保育実践　　　15
直接的な働きかけと間接的な働きかけ　　　17
「場」としての学童保育　　　18

③学童保育実践のプロになる …………………………………………… 19

「放課後児童支援員認定資格」ができたことの意味　　　19
だからこそPDSAサイクルを　　　21
学童保育実践者としての一般的要件　　　22

第2章　学童保育実践の記録　　　　　　　　　　　　　　　　25

①実践記録とはなにか …………………………………………………… 26

これからのスタンダードな取り組みとして　　　26
記憶ではなく記録を　　　26
目的に応じた記録の内容と様式　　　30
実践力を高めるための実践記録　　　31

② 実践記録はどのように書けばよいのか ……………………………………… 33

日常的な事実の記録（メモ＝覚え書き）の蓄積を　　33

実践期間ごとの実践記録　　35

一場面の実践を記録する方法として　　36

一場面の実践記録から継続的な実践記録へ　　39

継続的な実践記録の書き方　　40

実際の実践記録から学ぶ　　43

実践記録を持続可能なものにするために　　52

第3章　学童保育実践の検討　　55

① 実践を検討するとは ……………………………………………………………… 56

実践検討がスタンダードになる時代　　56

一人ひとりが反省的実践家であれ　　56

実践を検討するためのレンズを使う　　58

集団的な検討でより多面的・多角的に　　59

② 実践検討会はどのように進めればよいのか ……………………………… 60

参加者がレンズを使い分ける　　60

実践検討会までにやっておくこと〈1〉テーマ設定　　62

実践検討会までにやっておくこと〈2〉進行の柱立て　　64

実践検討会を進める上で大切なこと〈1〉それぞれの役割　　65

実践検討会を進める上で大切なこと〈2〉進行役の思考・判断　　67

実践検討会を進める上で大切なこと〈3〉実践検討会の事例から　　71

実践検討会を進める上で大切なこと〈4〉まとめとして　　78

第4章　物語としての学童保育実践　　81

① 学童保育実践を物語るためには ……………………………………………… 82

学童保育を「物語」としてとらえる　　82

物語る力を身に付ける　　83

意味づけから他者理解へ　　84

子どもを共感的に理解する　　86

子どもの共感的理解と実践との関係性　　87

②実践の物語を保護者と共有する ……………………………………………… 94

保護者と物語を共有する必要性と内容・方法　94

実践者から保護者へ伝える日常的な子どもの状況　95

実践者が保護者へ伝えたい物語　97

保護者の子ども理解のために　98

保護者に伝える通信の役割　99

第5章　学童保育における評価　103

①学童保育実践の評価とアセスメント ……………………………………104

学童保育実践の評価とは　104

学童保育実践をアセスメントする　105

安心して過ごせているかどうかのアセスメント　107

子どもに育みたい非認知能力　109

子どもに育みたい力をアセスメントするために　110

アセスメントの実際　112

②学童保育の評価試案 ………………………………………………………115

学童保育を評価する時代へ　115

評価のその先へ―子どもたちの最善の利益のために　118

おわりに………………………………………………………………………121

＜主な用語と表記について＞

・**学童保育**：本書では、公的な放課後児童健全育成事業に加えて、民間（企業や学校法人等）の学童保育事業も含めて「学童保育」と表記している。また、施設としての放課後児童クラブや学童保育所について表記する場合は、それぞれの文脈によって「クラブ」または「学童保育所」と表記する。さらに、「学童保育する＝学童を保育する」という意味も持っており、国が規定した「育成支援する」と同義のものとして位置づけている。

・**実践者**：学童保育実践を行う者の総称。具体的には、国が規定した「放課後児童支援員」や補助員も含めた「放課後児童支援員等」のことを指す。なお、国が規定する前から「学童保育指導員」という呼称があり、現在では民間の学童保育事業で使用されることが多いが、本書ではこれらも含めてすべて「実践者」と表記している。また、実践者よりも学童保育所内の職員という意味合いが強い場合のみ「職員」と表記している。

・**設備運営基準**：正式には、「放課後児童健全育成事業の設備及び運営に関する基準（厚生労働省省令第63号）」。2015年4月より施行された放課後児童健全育成事業に関する基準であり、我が国で初めて設けられた。この基準に基づいて、各自治体は条例（最低基準）を制定し、同年施行した。本書では「設備運営基準」という略称で表記する。

・**運営指針**：正式には「放課後児童クラブ運営指針」。2015年3月に発出した我が国初めての放課後児童クラブの指針である。7章構成になっており、文字総数は約17,000字に及ぶ。全国的な標準仕様（ナショナルスタンダード）として掲げられたものである。本書で引用する際は「運営指針」という略称で表記する。

第1章

学童保育実践の質

① よい学童保育とはなにか

よい学童保育を問う

「よい学童保育とはなにか？」

これまでも問われ続けてきたテーマである。本来、よい学童保育を一概に評価することは困難である。それにもかかわらず、学童保育を利用する保護者たちのあいだで「うちのクラブは……」と評されることも少なくない。また、近年では民間企業等の参入によって高い付加価値をもたらす営利目的の学童保育が都心部を中心に広がってきている。すると、保護者の価値判断に基づいた「よい学童保育＝高い付加価値のある学童保育」という選択も可能となるが、保護者の一方的な価値判断に基づいた評価になりやすいため、子どもにとってほんとうに「よい学童保育」なのかどうかは疑問が残るところである。

一方、子どもが学童保育所を卒所した後に、当事者である子どもや保護者の口から「あのクラブは良かった」と評される場合もある。当事者がこのように評するのであれば、たしかによい学童保育なのかもしれないが、あくまでも個々の当事者による主観的な印象の域を超えることはない。

それでは、いったい「よい学童保育」とは何なのだろうか？　この問いと向き合うためには、その根本となる「学童保育の質」について言及しなければならないだろう。

学童保育の質の諸側面

この問いについて、ＯＥＣＤ（経済協力開発機構）は、保育の質の諸側面に関する提起及びモニタリングを進めてきた＜註釈ⅰ＞。この保育の質の諸側面を手がかりに、学童保育版として５種類の質の諸側面を再構築して、【表１−01】の通り提起しておきたい。

表にある５種類の質の諸側面について説明を加えておくと、まず「制度と指針の質」に関しては、2015年を節目にして我が国の質が大きく向上したと考えられる。2015年以前には、児童福祉法及び「放課後児童クラブガイドライン」（2007年、厚生労働省）しか存在していなかったが、設備運営基準と運営指針が新たに策定されたのである。設備運営基準は各自治体の条例を基礎づけるものとなり、運営指針は我が国の学童保育（放課後児童健全育成事業）を方向付けるものになったといえる。

次に「施設と設備の質」については、単なるハード面が整備されているかどうかだけでなく、施設における適正児童数や児童数に対する職員の配置なども含まれる。こちらも、2015年以降は国の設備運営基準によって、以下の通り定められたことは、質の向上につ

【表1−01：学童保育の質の諸側面】

質の側面	内　　容	具体的な項目
制度と指針の質	・国や自治体が示す法制度を中心とした方向性 ・国のカリキュラム等で示される学童保育の概念や実践の方向性	・児童福祉法第6条の3第2項 ・厚生労働省省令第63号（放課後児童健全育成事業の設備及び運営に関する基準） ・各市町村の条例（最低基準） ・放課後児童クラブ運営指針 …など
施設と設備の質	・物的・人的環境の全体的な構造	・施設・設備などの物的環境 ・支援単位ごとの児童数及び職員配置などの人的環境 …など
運営とサービスの質	・運営主体者としての役割とサービスの内容 ・安全・健康・衛生に関する基準と管理体制	・職員の確保、資格、労働環境 ・開設日数・開設時間 ・苦情対応窓口 ・遊具・教材 …など
スタッフと実践の質	・実践の質的向上のための方法・仕組み ・実践者相互の専門性と協働	・学童保育の目標・計画の明示と実施 ・実践者の実践プロセス ・実践者の専門性向上のための機会 ・実践の記録と事例の検討 ・実践者間のチームワーク …など
育ちと関係の質	・実践者・子ども・保護者の相互の関係 ・発達段階に応じた子どもの育ち	・実践者・子ども・保護者の関係性 ・子どもの育ちを評価するための指標 ・子どもの育ちの評価と実践との関連 …など

ながったといえる。

・1支援単位の児童数を40人以内→自治体に応じた参酌基準

・児童1人あたりにつきおおむね1.65㎡以上の占有面積→自治体に応じた参酌基準

・1支援単位につき放課後児童支援員（放課後児童支援員認定資格研修修了者）を2名以上配置または、うち1名は補助員（子育て支援員放課後児童コース修了者）でも可→各自治体の状況にかかわらず従うべき基準（ただし2019年度まで経過措置あり）

　そして「運営とサービスの質」は、運営主体者による運営のあり方（職員の労働環境なども含む）と、開設日数や開設時間等の利用者のためのサービスに関する質となる。この点でも設備運営基準や運営指針によって運営主体者の役割が明確になったり、開設時間の見直しや処遇改善に伴い予算が増額されたりと、質的向上の兆候が表れ始めている。

　さて、ここまで「制度と指針」「施設と設備」「運営とサービス」という学童保育の質の三つの側面について説明を加えたが、これらに共通している点は、2015年度から始まった子ども子育て支援新制度によって、国レベルで学童保育の質が向上しようとしていると

第1章　学童保育実践の質　　11

いうことではないだろうか。まさに、新しい時代と呼ぶにふさわしい転換期を迎えたことが、ここからも明らかにできる。

さらに、これら三つはすべて国や自治体の行政または運営主体者によって質を向上させられるものである。国レベルの基準や指針はもとより、各自治体の条例も、職員の配置や労働環境も、現場にいる学童保育実践者の手で直接的に改善することは難しい（もちろん、可能な場合もあるが……）。それでは、実践者たちは学童保育の質を向上させるために、どのような質の諸側面へ直接的に働きかけられるのだろうか。引き続き残る2種類の質の諸側面について説明を加えておきたい。

まず、「スタッフと実践の質」である。ここで挙げられている項目は、学童保育実践そのものの質であると同時に、実践の質を高めるための方法や仕組みに焦点を当てている。さらに、個人レベルの実践の質だけでなく、実践者チームとしての質の向上にも着目している。中長期的または短期的な学童保育実践の目標・計画を明確にすることは、行き当たりばったりになるのを防ぐだけでなく、チームとして取り組むためにも必要なことである。また、実践の記録や実践事例の検討は、実践者同士が相互研鑽を重ねていくことにつながる。

次に、「育ちと関係の質」である。現場の当事者である子ども・保護者・実践者の関係性を築き、これらの関係性を通じて当事者たちがお互いに安心感を持ちながら成長・変化していくプロセスの質である。まさに、学童保育実践のなかで築かれる当事者たちの関係性及び成長・変化であるため、先ほどの「スタッフと実践の質」とも大きくかかわってくる。さらに、ここでは子どもにどのような成長・変化を引き出せたのか、それを評価するための指標を作成しておくことも求められる。この際にも、上述の学童保育実践の目標などとの関連性が高い。したがって、これら2種類の質の諸側面は、国や自治体の行政及び運営主体者が担う役割というよりも、現場の実践者こそが担うべき役割となってくる。そこで、これら二つの側面を学童保育実践の質を高めるための拠り所として位置づけておきたい。

なお、このように諸側面から学童保育の質をとらえたとき、どの側面から見た「よい学童保育」なのかが明確になってくる。と同時に、各側面の質を全体的に高めていくとすれば、それぞれの側面が関連し合いながら、国や自治体行政、運営主体者、実践者たちが、それぞれの役割を十全に果たしていくことが求められるのである。

② 学童保育実践の構造

養護・ケア・教育の総体としての学童保育

　拙著『学童保育実践入門―かかわりとふり返りを深める』（2012年、かもがわ出版）でも詳述したが、そもそも学童保育とは「学童（小学生）」という対象を「保育（養護とケアと教育の総体）」する営みである＜註釈ⅱ＞。ここでの学童とは、児童期（または学童期）の発達段階にあり、幼児期を経て初めて義務教育たる学校（課業）と課業から解き放たれた自由な放課後という生活世界に身を置く対象者であることを意味している。また、保育とは機能としての養護とケアと教育の総体である。養護とは、生命・健康・安全・衛生を護る機能であり、ケアとは、他者の思いや感情を共に分かち合うことを基礎とした機能である。そして教育とは、発達段階に応じて対象者の資質・能力を引き出し、人格形成や自己実現に向かっていけるように援助する機能である。上述した通り、保育とは、これら養護・ケア・教育の中でいずれか一つだけが機能するのではなく、すべて総体的に機能していることが求められる。

　ちなみに、国が掲げた運営指針では学童保育と同義の営みである育成支援についてどのように位置づけたのであろうか。運営指針第1章の総則「育成支援の基本」から引用しておきたい（下線は引用者）。

放課後児童クラブ運営指針　第1章　総則
３．放課後児童クラブにおける育成支援の基本
（１）放課後児童クラブにおける育成支援
　放課後児童クラブにおける育成支援は、<u>子どもが安心して過ごせる生活の場としてふさわしい環境を整え</u>、安全面に配慮しながら子どもが<u>自ら危険を回避</u>できるようにしていくとともに、<u>子どもの発達段階に応じた主体的な遊びや生活が可能</u>となるように、<u>自主性、社会性及び創造性の向上、基本的な生活習慣の確立等</u>により、子どもの健全な育成を図ることを目的とする。

　ここに記されているように、まずは「子どもが安心して過ごせる」ことが育成支援に求められる。この安心とは、物的環境における安心感だけでなく、人間関係などの人的環境においても一人ひとりの子どもが安心感を抱けなければならないと読み取ることができる。したがって、子どもと実践者はもとより、子どもと子どもの間にも安心できる人間関係を築くことが必要となってくる。つまり、実践者が子どもをケアするとともに、子ども同士の中にもケア的な関係をつくっていくのである。

　次に、「安全面に配慮」することは直接的に養護を意味していることがわかる。さらに、

「子どもが自ら危険を回避できるようにしていく」ためには、単なる一方向的な養護ではなく、子どもの危機回避能力を引き出すための教育（安全教育）も求められていることになる。

そして、「子どもの発達段階に応じた主体的な遊びや生活」や「自主性、社会性及び創造性の向上、基本的な生活習慣の確立等」からは、教育の機能が求められていることがわかる。特に、「自主性、社会性及び創造性の向上」に関しては、学童保育を通じて子どもの資質・能力の獲得・向上が明記されている。第5章で詳述するが、これらは子どもの「非認知能力」のなかに位置づけられるものであり、学童保育が持つ新しい教育的機能の可能性を示唆している。

このように、国が位置づけた育成支援の基本においても、養護・ケア・教育が内包されており、上述の通り三つの機能の総体的な営みとなっていることがわかる。

目的意識的な働きかけとしての学童保育実践

学童保育実践の「実践」とは、目的意識的な働きかけを意味している。そのため、行き当たりばったりで子どもとかかわるのではなく、明確な意図を持ったかかわりにしていかなければならない。目的意識的な働きかけというと、いかにも大人が子どもに対して一方的かつ操作的に働きかけるという印象を抱かれてしまいがちである。また、高い付加価値を前面に出して限定的な能力を身に付けさせることを目的とした働きかけも、たしかに実践であることに違いはないだろう。しかし、学童を保育（養護・ケア・教育の総体）する、または運営指針に則った育成支援の基本と一致していなければ、そもそも学童保育を実践していることにはなり得ないのである。

ここで、さらに学童保育実践について言及しておきたい。学童保育は、あくまでも放課後（小学校の長期休暇等も含む）の生活と遊びの場において、一人ひとりの子どもの意思決定（ノーという拒否も含めて）が認められていることが前提である。つまり、子どもが特に何かをするわけでなく、安心して、居心地良く放課後の時間を過ごせなければならないし、心と身体を開放してさまざまな遊びや取り組みに挑戦できる機会も保障されなければならない。繰り返しになるが、大人の一方的な価値観を押し付けて、「ぼーっしている暇があるなら○○しなさい」などと子どもを追い立てたり、いわゆる塾や習い事のように高い付加価値としてのプログラムで放課後の時間を埋め尽くしたりすることを、本来的な学童保育とはいわないのである。

しかしながら、学童保育実践の難しさはここにあるといってもよいだろう。なぜなら、能動的なプログラムに基づいた実践ではなく、子どもが特に何かをするわけでない、のんびりしやすい状況そのものを目的意識的につくり出すことも学童保育実践だからである。一見、目的意識的に働きかけていないように見えるが、子どもたちが安心してのんびりで

きたり、居心地よく生活できたりするための目的意識的な働きかけを、現場では日常的に実践している。例えば、敢えてのんびりした受け応えをしてみたり、子どもが話しかけやすい穏やかな表情や振る舞いをしてみたり……。これらは、やはり目的意識的な行為になっている。また、直接的な働きかけ以外でも、子どもにとって居心地のよい空間となるようにデザインする環境構成も目的意識的なのである。

子どもの意思決定を前提とした学童保育実践

　子どもたちに遊びなどの活動を導入・展開する際にも、そもそも子どもにとって「やらなければならない活動」ではなく「やってみたい活動」でなければならない。そのため、子どもに何かをさせる実践ではなく、何かをしたいと思えるように働きかける実践が求められてくる。例えば、現場では以下のような事例の報告があった。

　ある放課後、私（実践者）が子どもの頃にやった「ケイドロ（ドロケイ）」を15人程度の子どもたちに声をかけて30分程度行いました。私は、そんな子どもたちの姿に大満足でした。しかし、私と子どもたちが帰るときになって、一人の子どもが「先生、もう遊んでいい？」と尋ねてきたのです。この子にとって、先ほどのケイドロは遊びになっていなかったことがわかり、私は大きなショックを受けました。

　楽しいと感じ、遊びの世界へ没入していくのは、子ども自身である。実践者が「これは遊びになっている」と勝手に思い込んでいたとしても、子どもがそう思っていない時点で遊びにはなり得ない。だからこそ、放課後に子どもが遊びなどの活動へ入り込めるように支援する実践は、高度な専門性が求められてくる。

　さらに、一般的な学童保育所（放課後児童クラブ）では、子どもが一定の集団となって過ごしている。そのため、一人ひとりの子どもの意思決定を認めながらも、集団のなかで折り合いをつけて他者と協調できるように支援する実践も必要とされる。例えば、一人の子どもが室内の中心で寝転びたいと意思表示しても、集団生活のなかでは必ずしもこの意思が認められるとは限らない。そのときには、実践者はその子が別な場所で寝転ぶように強制ではない納得（合意形成）をつくり出す実践が求められる。

　さて、ここまで活動的ではないが安心感や居心地の良さを基本とした学童保育と遊びや取り組みなどの活発な活動によって躍動感を基本とした学童保育の二つの側面があることを述べた。また、個人の居場所としての学童保育と集団の共同の場としての学童保育の二つの側面があることも述べた。これらを【図1−01】に整理したので参照してもらいたい。

　この図のように整理した上で、あくまでも主体的な意思決定を認めることが前提となる学童保育では、子どもがそこに安心してそのままいられるように支援する実践がある。ま

第1章　学童保育実践の質　15

【図1-01：活動性と個人性の2側面から見た学童保育実践】

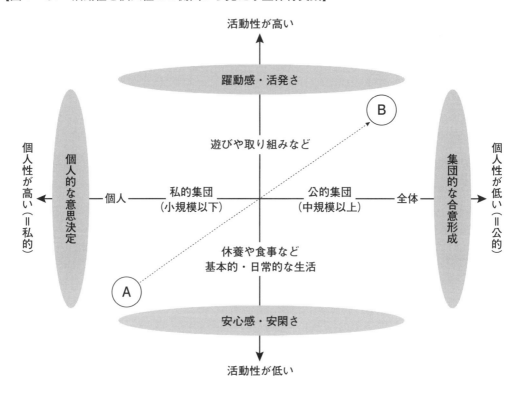

た、提案や説明などを通じて、子どもをその気にさせたり、納得をつくり出したりする実践もある。

　例えば、図に付してあるポイントAを見てもらいたい。ポイントAは個人性が高く活動性が低い位置にある。つまり、一人でのんびり過ごしたいなどの意思表示が該当してくる。この場合、ポイントAの意思表示を認めて、この子がしっかりとのんびりできるような働きかけや環境構成が実践できればよい。一方で、ポイントBのような意思表示をする、または実践者から提案するとしよう。ポイントBは個人性が低く活動性が高い位置にある。つまり、大人数での遊びやクラブ全体での取り組みなどの活動が該当してくる。このとき、実践者がポイントAの意思にある子をポイントBの方向へ押し付けてはならないことは先ほど述べた通りである。そこで実践者には、提案などを通じてポイントBのようなことをやってみたいと思えるように働きかける実践のプロセスが必要となってくる。ただし、実践者からのポイントBへの提案は、放課後の一つの過ごし方としての提案であり、子どもが安心して拒否できる状況をつくっておくことが原則とされる。言い換えるなら、子どもが安心して拒否できるように実践することも学童保育実践者としての専門性となる。

【図1－02：直接的働きかけと間接的働きかけから見た学童保育実践】

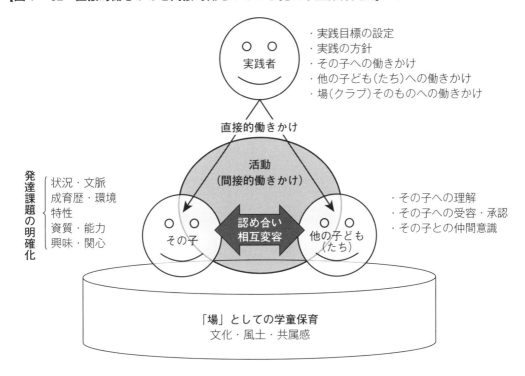

直接的な働きかけと間接的な働きかけ

　それでは、学童保育実践とは、どのような構造になっているのだろうか。実際に、実践者が子ども（たち）へ働きかける際には、【図1－02】のような構造になっていると考えられる。

　この図は、実践者がまず一人の「その子」へ働きかける実践の構造になっている。上述した活動性と個人性のいずれにおいても、その子の意思決定を認めながら、そこでの豊かな時間や新しい過ごし方の合意形成をする上で目的意識的な働きかけ（実践）は必要となる。さらに、学童保育実践であるため、この実践には養護・ケア・教育が総体的に機能していなくてはならない。すると、実践には図のようにその子をほめたり、注意や説明をしたりといった対話を主としたコミュニケーションが行われる。このように、その子へ直接働きかける場合、やみくもに行き当たりばったりな働きかけをしていては実践として成立しない。

　そこで、いま、ここに置かれているその子の状況やここに到るまでの文脈を実践者はどれだけ読み開けるかが問われることとなる。また、その子の成育歴や家庭環境についても把握するとともに、その子の性格（気質）、障がいなどの特性、その子がすでに持ってい

第1章　学童保育実践の質　　17

る資質や能力、その子が現在抱いている興味・関心についての把握も必要である。例えば、室内の片隅に一人で泣いているその子は、どういう思いや経緯（状況・文脈）で泣いているのか、その子は幼い頃からもこのようなことを繰り返してきたのか（成育歴・環境）、その子はもともとすぐに悲観的になりがちで泣いてしまうのか（特性）、などを読み開けるようになっておきたい。さらに、その子が自分の思いや感情を言葉にして説明できる力を持っているのか（資質・能力）、その子がこれほどまでに泣いてしまうほどこだわりたかったのは何か（興味・関心）といったことも読み開きながら、どのような働きかけをすればよいのかを考えるわけである。

そして、翌日以降の働きかけとしては、その子とのこの日のやりとりもふまえながら、いま、その子はどのような発達課題を持っており、その子にどうなっていってほしいのか（実践目標）、そのためには引き続きどのように働きかけていけばよいのか（実践の方針）を考えながら、次の実践へとつなげていくことになる。

このように直接的な働きかけを進めていくのだが、そればかりでは実践者とその子だけの閉じた実践となってしまう。そこで、その子へ直接伝えなくてもその子自身が自ら気づけるような活動（遊びなど）はないだろうか、また、その子と他の子ども（たち）をつなげられる活動はないだろうか、と考え、提案できるようにしていく。もちろん、この活動はあくまでも提案なので、その子の興味・関心を駆り立てるものでなくてはならない。また、資質・能力、特性ともマッチしたものでなくてはならない。こうして、あらかじめその子の発達課題に寄り添った活動を導入・展開して、実践者ではなく他の子ども（たち）との認め合いや相互変容をつくり出していくようにする働きかけのことを間接的働きかけという。学童保育実践において、直接的働きかけと間接的働きかけのいずれがよいのかという話ではなく、両方を取り入れて補完し合いながら働きかけていくことで、実践の質はよりいっそう向上させられるのである。

「場」としての学童保育

基本的には直接的働きかけと間接的働きかけのなかで実践は展開されていくのだが、学童保育にはもう一つ重要な要素がある。それは、「場」としての学童保育である。

周知のとおり、学童保育所では子どもたちが卒所するまでの間、継続して通い続けることになる。学童保育所によっては、実践者が転勤等で変わる場合もある。しかし、子どもは転校や途中退所等をしない限りは、卒所までそこに通ってくる。現１年生が入所した時点では、上級生たちがいて、この１年生もまた上級生になっていくため、子ども集団そのものが連綿と続き、そこには自ずと文化や風土、共属感などが生まれてくる。文化とは、例えば子どもたちが暗黙的に守っているルールや仕組み、慣習が挙げられる。毎日「ただいま」と帰ってくることも、実践者たちの働きかけだけでなく、すでにそこにある文化が

そうさせているのかもしれない。その逆も然りで、「ただいま」などと言うことなく、黙って帰ってくる文化もある。このような文化による暗黙的なルールや仕組み、慣習は、「ヒドゥン・カリキュラム（隠れたカリキュラム）」とも言われている。また、それぞれの学童保育が醸し出す雰囲気や空気感のことを風土といい、子どもが学童保育の集団の中に属している感覚のことを共属感という。これらは、学童保育所のように集団が時間をかけて途切れることなくつながっている所だからこそ、形成されやすい。

　したがって、実践者が学童保育実践に取り組む上でも、「場」としての学童保育は大きく影響してくる。異年齢の子ども同士がお互いを支え合い、慈しみ合えるような場になっていれば、当然のことながら学童保育実践はやりやすくなる。逆に、子ども同士がいがみ合い、傷つけ合うような場になっていれば、一つひとつの実践は困難を極めることになるだろう。これらは、多くの時間をかけていればいるほど、場の確立度合が高くなる。そのため、すでに負の文化や風土を抱えてしまっている学童保育においては、実践者はそれぞれの子どもたちへの働きかけや子ども同士の関係づくりを通して、場そのものにも時間と労力をかけて働きかけ続けなければならない。一朝一夕では変えることのできない学童保育ならではの場の持つ影響力を、実践者は重く受け止めておく必要があるだろう。

③　学童保育実践のプロになる

「放課後児童支援員認定資格」ができたことの意味

　2015年から国家資格に準ずる資格として誕生した「放課後児童支援員認定資格」によって、学童保育実践者の社会的位置づけは抜本的に変わった。一言で表現するなら専門的な資格を有する「プロフェッショナル（専門職者、以下プロ）」が誕生したのである。もちろん、これまで職業人として自覚と誇りを持って取り組んできた実践者たちもプロであることに変わりはないだろう。しかし、そのような自覚と誇りにかかわらず、有資格者になった時点で、誰しもがプロであることを要求されるようになったわけである。

　いうまでもなく、プロは素人と明確に区別される。少なくとも専門の分野においては、素人が知らなくてもよいこと、できなくてもよいことをプロは知っていなければならないし、できなければならない。また、その分野のプロだからこそ、やってはならないこともある。したがって、学童保育実践のプロになるということは、学童保育分野において素人とはっきり区別されなければならないわけである。そのため、プロには求められる専門性というものがある。だからこそ、その分野の有資格者であり、専門職者になり得る。

　ここで、プロとして求められる専門性を【図１−03】のように五つ挙げておきたい。

第1章　学童保育実践の質　　19

この図の通り、いずれも頭に「専門的な」という言葉がつく。つまり、知識はプロに求められる「専門的な知識」を意味している。言い換えれば、放課後の子どもを養護・ケア・教育するための知識である。具体的には、放課後児童支援員認定資格研修の中で位置づけられているようなアレルギー対応、児童期の発達の特徴、発達障がいに関する知識など多岐にわたるものがある。「専門的な技能」としては、例えばさまざまな状況に応じた子どもへのかかわり方から病気やケガの対応の仕

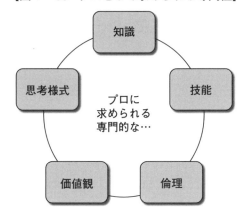

【図１－０３：プロとして求められる専門性】

方を実際の技能として身に付けておく必要がある。「専門的な倫理」とは学童保育に従事する専門職者だからこそ守らなければならない倫理のことを意味する。

ちなみに、運営指針では以下の８項目が提示されている。

放課後児童クラブ運営指針　第７章　職場倫理及び事業内容の向上
１．放課後児童クラブの社会的責任と職場倫理
（２）放課後児童クラブの運営主体は、法令を遵守するとともに、次の事項を明文化して、すべての放課後児童支援員等が職場倫理を自覚して職務に当たるように組織的に取組む。
　○子どもや保護者の人権に十分配慮するとともに、一人ひとりの人格を尊重する。
　○児童虐待等の子どもの心身に有害な影響を与える行為を禁止する。
　○国籍、信条又は社会的な身分による差別的な扱いを禁止する。
　○守秘義務を遵守する。
　○関係法令に基づき個人情報を適切に取り扱い、プライバシーを保護する。
　○保護者に誠実に対応し、信頼関係を構築する。
　○放課後児童支援員等が相互に協力し、研鑽を積みながら、事業内容の向上に努める。
　○事業の社会的責任や公共性を自覚する。

　この専門的な倫理とは別に、「専門的な価値観」も持っておく必要がある。「こういう子どもに育ってもらいたい」という子どもに対する価値観や「こんな学童保育にしていきたい」という学童保育そのものに対する価値観である。とりわけ同一の空間、同一の対象で複数の実践者がチームとして取り組む学童保育では、この価値観をチームのなかで一致させておく必要があるだろう。もちろん、この価値観は揺るぎない絶対的な真理ではないため、社会の状況、子どもや保護者の実態及びニーズ、実践者自身の研鑽によって常に検討されていかなければならない。

　最後に、「専門的な思考様式」であるが、これは後述するＰＤＳＡサイクルや、次章以

降で述べる実践の記録や事例検討ともかかわってくる。学童保育実践が目的意識的な働きかけであるならば、原則として実践者の言動は意識（思考・判断など）を基底としていることになる。したがって、単に専門的な知識や技能を身に付けるだけでなく、これらを状況や対象者に応じて使いこなすことのできる思考様式を持っていなければならないわけである。この専門的な思考様式は、実践者としての経験を通じて磨き上げていくことができる。しかし、そのためには、「省察（ふり返り）」や「実践事例の検討」が必要不可欠であり、やりっ放しにしていたのでは専門性を向上させることはできないのである。

だからこそＰＤＳＡサイクルを

　これらの省察や検討の質を高めるためには、なによりも実践の目標や方針をあらかじめ持っておくことが重要であるし、これらに基づいた実践場面での意図を明確にできることも重要である。だからこそ、まずは学童保育実践として「ＰＤＳＡサイクル（PLAN→DO→STUDY→ACT→PLAN……）」を回し続ける必要がある。

　なお、ＰＤＳＡサイクルとは、いわゆる「ＰＤＣＡサイクル（PLAN→DO→CHECK→ACT→PLAN……）」の考え方を援用するものではあるが、「数値化された目的を評価（CHECK）する」ものではない＜註釈ⅲ＞。学童保育実践では、その成果だけでなく、過程の質もふり返り検討すること（STUDY）ができなくてはならないからである。したがって、【図１－04】のようなイメージになるのである。

【図１－04：学童保育実践のＰＤＳＡサイクル】

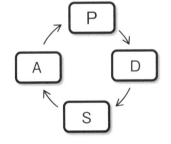

PLAN　　：指導員の方針
DO　　　：指導員の実際のかかわり
STUDY：実践の成果と課題の検討
ACT　　：成果と課題から改善へ

　ＰＤＳＡサイクルについては、前掲の『学童保育実践入門―かかわりとふり返りを深める』（2012年、かもがわ出版）に詳述しているが、特に、ＰＤＳＡサイクルの入口であるPLANにおいて、対象者に共感的に寄り添い、個々の発達段階に応じて発達課題を明らかにし、これからどうなってほしいのかという実践目標とそれに基づいた段階的な働きかけを設定することが大切である。このPLANは、子どもの実情からかけ離れた実践者の独りよがりであってはならない。また、ＰＤＳＡサイクルを回していく過程で、実践者の言動だけでなく、PLANそのものも検討・改善する必要がある。

　だからこそ、PLANを立てて実行（DO）した後の省察や検討（STUDY）がますます

重要性を増してくる。そのための効果的なツールが記録であり、この記録を共有して職場内等の実践者集団で多面的・多角的に検討をする方法がある。いずれにしても、学童保育実践の質を向上させるためには、プロとしての専門的な知識・技能・倫理・価値観・思考様式を持った実践者集団が必要不可欠である。そして、この実践者たちは対象者に対して直接的または間接的に働きかけるとともに、時間をかけて築いてきた場にも意識を向けなければならない。そして、学童保育実践の構造に基づいた日常的なＰＤＳＡサイクルによって、学童保育実践の質をさらに向上させ続けていくことになる。

学童保育実践者としての一般的要件

　本章の最後に、設備運営基準の中で、以下の通り放課後児童支援員等の「一般的要件」を掲げられているので提示しておきたい（下線は引用者）。

放課後児童健全育成事業の設備及び運営に関する基準
（平成二十六年四月三十日厚生労働省令第六十三号）
（放課後児童健全育成事業者の職員の一般的要件）
第七条　放課後児童健全育成事業において利用者の支援に従事する職員は、健全な心身を有し、豊かな人間性と倫理観を備え、児童福祉事業に熱意のある者であって、できる限り児童福祉事業の理論及び実際について訓練を受けた者でなければならない。
（放課後児童健全育成事業者の職員の知識及び技能の向上等）
第八条　放課後児童健全育成事業者の職員は、常に自己研鑽に励み、児童の健全な育成を図るために必要な知識及び技能の修得、維持及び向上に努めなければならない。
　　2　放課後児童健全育成事業者は、職員に対し、その資質の向上のための研修の機会を確保しなければならない。

　このように、＿部分＿は抽象的な内容（具体的かつ客観的な基準に基づいて評価することが困難な内容）になっている。一方の、＿部分＿は、まさに学童保育実践の専門的な力量（実践力）に具体的に必要なことであり、＿部分＿よりも可視化でき、客観的に評価しやすい内容となっている。
　誇りと情熱をもって日々の実践に励んでいるとお互いに認め合うことは重要なのだが、それだけでは公的な資格を有したプロとはいえない。なぜなら、誇りと情熱は抽象的で目に見えないからである。そこには、計画や目標が言語化されており、日々の記録があり、実践の事例検討や研修後のまとめがあり、保護者に配布した通信がある……これらを伴っていることが、実践の質を高め、プロとして努力していることの一つの可視化であり証明となるのではないだろうか。
　そこで以降の章では、実践の記録や事例検討、子どもの姿や育ちの言語化に焦点を当て

て、そのあり方や方法について提起していきたい。

＜註釈ⅰ＞

イラム.シラージ・デニス.キングストン・エドワード.メルウィッシュ著、秋田喜代美・淀川裕美訳『「保育プロセスの質」評価スケール―乳幼児期の「ともに考え、深めつづけること」と「情緒的な安定・安心」を捉えるために』（2016年、明石書店）で紹介されている「保育の質の諸側面」を参考にした。

特に、秋田と淀川によるとＯＥＣＤの報告書『Starting StrongⅡ』（2006年）では、①志向性の質、②構造の質、③教育の概念と実践、④相互作用あるいはプロセスの質、⑤実施運営の質、⑥子どもの成果あるいはパフォーマンスの基準の6種類に分類されている（前掲書85ページ）。これらをふまえて本書のなかで再構築した「学童保育の質の諸側面」とを対応させると、下表の通りになる。

	質の側面 （Starting StrongⅡ）	内　容 （Starting StrongⅡ）	学童保育の質の側面
①	志向性の質	政府や自治体が示す方向性	制度と指針の質
②	構造の質	物的・人的環境の全体的な構造	施設と設備の質
③	教育の概念と実践	ナショナル・カリキュラム等で示される教育（保育）の概念や実践	制度と指針の質
④	相互作用あるいはプロセスの質	保育者と子どもたち、子どもたち同士、保育者同士の関係性（相互作用）	育ちと関係の質
⑤	実施運営の質	現場のニーズへの対応、質の向上、効果的なチーム形成等のための運営	運営とサービスの質 スタッフと実践の質
⑥	子どもの成果の質あるいはパフォーマンスの基準	現在の、そして未来の子どもたちの幸せ（well-being）につながる成果	育ちと関係の質

＜註釈ⅱ＞

本書は、筆者が2012年にかもがわ出版から刊行した『学童保育実践入門―かかわりとふり返りを深める』をふまえた記述が多い。筆者自身が学童保育実践者だった頃に読んでおきたかった本として刊行した著書である。ぜひ、こちらを一読した上で本書を読んでもらいたい。

＜註釈ⅲ＞

日本保育学会編『保育学講座4　保育者を生きる―専門性と養成』（2016年、東京大学出版会）のなかで、榎沢良彦は「近年は、あらゆる事業に関して、『計画通りに事業が行われ、その目的が達成されたかを評価し、事業を改善する』（ＰＤＣＡサイクル）という考え方が取り入れられている。非常に合理的な考え方であるが、ここで評価される目的とは数値化されたものである。実践の省察とはこのような意味での評価ではない」（14ページ）と指摘しているが、まさにこの指摘の通り、実践の省察はCHECKではなくSTUDYこそが必要である。

第2章

学童保育実践の記録

1 実践記録とはなにか

これからのスタンダードな取り組みとして

これまでも学童保育の現場では、実践記録をはじめ各種の記録の必要性が叫ばれてきた。この記録について、新しい時代を迎えた学童保育ではどのような位置づけになっているのだろうか。運営指針から引用しておきたい（下線は引用者）。

第3章　放課後児童クラブにおける育成支援の内容

5．育成支援に含まれる職務内容と運営に関わる業務

（1）育成支援に含まれる職務内容

放課後児童クラブにおける育成支援に係る職務内容には、次の事項が含まれる。

○子どもが放課後児童クラブでの生活に見通しを持てるように、育成支援の目標や計画を作成し、保護者と共通の理解を得られるようにする。

○日々の子どもの状況や育成支援の内容を記録する。

○職場内で情報を共有し事例検討を行って、育成支援の内容の充実、改善に努める。

○通信や保護者会等を通して、放課後児童クラブでの子どもの様子や育成支援に当たって必要な事項を、定期的かつ同時にすべての家庭に伝える。

このように、記録についても、次章のテーマとなる実践検討（運営指針では事例検討）についても、運営指針で明確に位置づけられていることがわかる。しかしながら、これらの具体的なあり方はいまだ不明瞭なままといってもよいだろう。

一方で、すでに記録や実践検討のあり方を具体的に示した取り組みもあった。新しい時代を迎える前から、未来を見据えて先駆的に提起されてきたのである。こうした成果の一つに、住野好久・中山芳一による『学童保育実践力を高める―記録の書き方・生かし方、実践検討会のすすめ方』（2009年、学童保育指導員専門性研究会編、かもがわ出版）がある＜註釈iv＞。そして、この本で提起されていた内容は、8年前の刊行当時にもまして、いまも、そしてこれからも求められようとしている。そこで、本章と次章は前掲書の内容に修正と追記を加えながら、これまでは先駆的な取り組みであったが、これからはスタンダードな取り組みとなるであろう記録と実践検討について取り上げておきたい。

記憶ではなく記録を

人間が記憶し、それらを必要に応じて思い出すことには限界がある。何かの出来事が起

こったとき、それに関する記憶は時間の経過とともに次第に薄らいでいく。日々の学童保育現場で起こる出来事は多様で複雑であり、頭のなかにたくさんの記憶が蓄積されていけばいくほど、その記憶の処理は困難になる。また、記憶はすべてのことを詳細に残しているわけではなく、自分にとって意味や価値のあることを中心に残していく。それゆえに、そのときには重要でないと判断し、記憶に刻んでいなかったことが、後になってとても重要になったとき、「あのときはどうだっただろうか？」と、必死に残像を思い起こすといったことは、多くの人が日常的に経験しているのではないだろうか。

　前章でも述べてきたが、プロとしての実践者には、自らの実践を振り返り、省察することを通して専門性を高めていくことが欠かせない。実践者にとって実践を記録することは「仕事」として求められることである。だからこそ、実践者は「記憶ではなく記録を！」というスローガンを胸に、自己の実践を記録していくことが求められるのである。

　ただ、これまで多くの実践者が目にしてきた（取り組んできた）「記録」は、その内容や様式において非常に多様であった。例えば、多くの学童保育所で日常的に取り組まれている「日誌」、「出席簿」や「おやつメニュー」などの記録、また「おたより（通信）」も記録の一つといえる。そして、もちろん「個人記録」も「実践記録」もある。地域やクラブごとに、歴史的・制度的にもさまざまな経緯を経て、独自の記録の内容や様式がつくられてきた。もちろん、どのような内容や様式の記録であれ、それらは実践者が子どもたちの安全を確保し、安心感のある居心地のよい生活の場を確保し、さらには一人ひとりの子どもの育ちを促し、働く保護者にとっても安心できる学童保育を充実・発展させるためにつくってきたものなのである。

　それでは、実践者がこれまでにつくってきた記録にはどのようなものがあり、それらにはどのような目的があるのだろうか。それらを【表２－01】にまとめてみた。

　これらは、学童保育における主だった「記録」になるが、クラブや地域によってはこれら以外の「記録」もあるだろう。また、表の★については一例を紹介している。

　これらの「記録」をつくりはじめたきっかけや経緯は、自分たちで必要だから始めたものや保護者から求められたもの、実践者集団の学習会や研修会のなかで提起されたもの、さらには、行政から義務づけられたものなど、さまざまだと考えられる。大切なことは、「なぜこの記録をつくっているのか」「この記録がどうして必要なのか」という「記録」に取り組む目的を明確に認識しながら、その目的に応じて「記録」を活用することである。

　そこで次に、記録が持っている目的についてさらに詳しく説明していきたい。

第2章　学童保育実践の記録　27

【表２−01：学童保育における「記録」とその目的・概要】

「記録」の呼称	目　的　・　概　要
出　席　簿	出席をつける際に随時使用されることが多い。出欠を○×等で表記したり、帰って来た時間などを記入したりと、それぞれのクラブの状況によっても異なっている。いずれにしても、学童保育の果たす役割として大前提ともいえる「出席確認」のツールとしても欠かせない記録である。
日　　誌★1	その日のクラブでの出来事を項目ごとに記録していく場合が多い。項目としては、「日付」「天気」「開設時間」「出席児童数・欠席児童数（欠席理由も含む）」「けが・病気とその対応」「おやつ」「（その日の）活動・取り組み」「一日の流れ」「来訪者」「配布物」「主な業務」「会議・研修」「延長保育利用児童」「特記事項（自由に記述できる欄も含む）」などがある。 　これもクラブや地域の状況に応じて項目が選別されている。
おやつメニュー	一日、または週や月のおやつの記録。日誌の中に入れ込んでいる場合や「おやつの予定表」として併用している場合もある。
活動・行事の記録★2 （計画も含む）	一日、または週や月、さらには夏休みなどの特定の期間や年間の活動（取り組み）、行事を記録したもの。事前に計画を立てる上での「計画表」としても使われる場合もある。
遊びの記録★3	子どもたちがどのような遊びをしていたのか、だれとだれが何をして遊んでいたのか、などを記録したもの。日誌の中に入れ込んでいる場合もある。
金銭関係の記録	実践に直接関係した記録ではないが、いうまでもなく運営する上でとても大切な記録。いわゆる「金銭出納帳」。
通　　信	基本的には、記録というよりも保護者に予定や保育内容を伝えるためのもの。しかし、大いに記録の役割も果たしている。（※第4章にて詳述する）
連　絡　帳	通信と同様で「伝え合い」のために使われるのだが、これもまた記録としての役割を果たす場合がある。保護者によっては、クラブの連絡帳を「わが子の子育て記録」として位置づけている場合もある。
個　人　記　録★4	一人ひとりの子どもの様子を記録したもの。これもクラブや実践者によってやり方は様々である。スタイルとしても、個人のページを作り、その子の情報が書かれた付箋を貼っていくやり方から、クラブに通うすべての子どもを一覧表にして、そこへ記録していくもの、一人の子どもにつき1冊のノートを作って記録するなど、児童数や勤務体制といったクラブの状況に応じて工夫がされている。
人間関係マップ★5 （集団地図）	クラブの子どもたちの関係を地図のようにして記録したもの。この記録によって、子どもたちの全体を見ながら、いま一人ひとりの子どもがどのような関係になっているかをとらえることができる。
実　践　記　録	実践者の実践を記録したもの。その記録を、実践者集団等で分析・考察することで、実践を評価・改善していくことができる。実践記録の書き方もいろいろなやり方があり、目的に応じた期間（短期的・中期的など）や方法で実践を記録することが求められる。 　また、上の目的とは別に、保護者（父母）会等で実践を紹介するために記録した実践記録などもある。
個人メモ・ノート	実践者が個人的に使っている記録。ミーティングや実践検討会、職場内外の研修会などで覚書をしたり、日常的にキャッチした子どもの様子を書きとめたりするもの。日常的なメモについては、鉛筆やボールペンと一緒にポケットへしのばせている実践者も少なくはない。
ビデオおよびカメラ	クラブでの子どもの様子や実践者の働きかけなどを記録するために、ビデオおよびカメラが使われる場合もある。最近では、スマートフォンなども普及したことから、より一層身近で便利になってきているため、かなり手頃に活用できるようになってきた。なお、撮影した媒体を実践検討に用いるケースも出てきている。

★1 日誌

(日誌様式のサンプル画像)

★2 活動・行事の記録≪夏休みの場合≫

○○○○年度 夏休みスケジュール

(スケジュール表のサンプル画像)

★3 あそびの記録

10月30日(木) おやつ後(15:50～16:50)
【外】
- ○ドッジ (久本・富山ゆ・小田原・大崎・守山し・富山こ・森島と・中嶋そ・西山・角田)
- ○野球 (岡村・東・福本・守山ゆ・和田・森島ゆ・渡辺・学校の友だち)
- ○ボール投げ① (南野・神崎・前田・梅川)
- ○ボール投げ② (河原ひ・東野・畑山)
- ○一輪車 (関元さ・河原し・石川・岡本・桐野・関元ゆ・中野・原田)
- ○こおりおに (石井・越智・黒住・幡田・村上・横山)
- ○サッカー (橋元・中川)
- ○虫とり (高山・藤本・三村あ)

【室内】
- ○お店やさんごっこ (市川・草野・時光・三村ゆ)
- ○お絵かき・けん玉 (平塚・宇崎・中嶋さ・森)

★4 カズオの個人記録

日付	子どもの様子
6/2	帰ってきてマモルとアキラのことを話している。「オレ、アキラ好きじゃもん！」
6/3	居残りのために帰りが遅れた。帰ってきてからも中々着替えようとせず、周りの子どもにちょっかいを出している。
6/6	着替えをせずに宿題を始める。終わった後で黒板のマグネットを投げて遊んでいる。同級生のオトヤたちが注意をしてもやめようとしない。
6/7	勉強を個別にするか一斉にするかの話し合いを子どもたちでしたとき、話し合いの展開の早さについていけていなかった。
6/9	帰りの会の前に机の下に潜り込み上級生のヒカルとアツキに引っ張り出されるが、「痛かった」といって泣く。しかし、その後3人で話し合うと「3人とも悪かったから3人とも謝るんじゃ！」と言って自分から率先して謝る。
6/10	学校でもよく叱られているとのこと。支援員が話している時もしつこく茶々を入れてくる。しかし、ほかの子どもがゴミを拾ってくれている姿などは気づくことができている。

★5 人間関係マップ（集団地図）

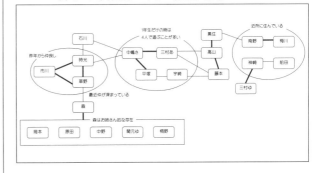

第2章 学童保育実践の記録 29

目的に応じた記録の内容と様式

「記録」にはさまざまな内容や様式がある。例えば、下枠内の五つの問いに対応するためには、どのような内容と様式の「記録」が必要となるだろうか。

問ⅰ）最近、お休みの多いＡ男は、今月何日お休みしたのだろうか？

問ⅱ）Ｂ子の母親から、「最近は食品問題がいろいろあるけど、ここ数か月、クラブではどんなおやつを食べてきたの？」と聞かれた。

問ⅲ）夏休み保育の期間中に、どんな行事や取り組みをしてきたのだろうか？

問ⅳ）最近ひとりぼっちになりがちで気にかかるＣ子（２年生）は、１年生や２年生の初めの頃、どんな感じだったのだろうか？

問ⅴ）Ｄ男たちにからかわれたＥ郎が、怒って砂をＤ男たちに投げ始めた。あのとき私（実践者）はＥ郎をなだめるだけなだめたのだが、あれで本当によかったのだろうか？

問ⅰ）に答えるためには、出欠を記録した「出席簿」が必要となる。該当する月に休んだ日数を数えるだけであれば、その月の出欠が○×などで示されていれば十分である。しかし、いつ頃から休み始めたのかを調べようとすると、毎月の出席簿がきちんと蓄積されていることが求められる。さらに、欠席した原因や出席したときの様子を考えようとすると、○×だけではなく、「個人記録」や「人間関係マップ」の必要性も見えてくる。

問ⅱ）では、「おやつメニュー」表などによって、「クラブで出したおやつの事実」が記録されていることで、最近特に重大な問題となっている食品事情への保護者の不安感に対応することができる。また、「どんなおやつを出したか」だけではなく、そのおやつに対する子どもたちの反応なども「日誌」に記されていると、保護者の不安により丁寧に応えることができる。

問ⅲ）では、「活動・行事の記録」や「日誌」などによって、夏休みの「活動や取り組みの事実」が記録されていることで、夏休み期間中の学童保育の全体像を集団的な活動や取り組みという観点からとらえることができる。また、子どもたちが取り組みのなかでさまざまなグループをつくりながら遊んでいる姿は「遊びの記録」を活用できる。さらに、行事や取り組みのなかでの一人ひとりの様子は「個人記録」に記されていく。

問ⅳ）では、「個人記録」によって、「これまでのその子の言動や仲間関係などの事実」が記録されていることで、過去のＣ子を改めて知ることができ、理解を深めることができる。また、継続的に「人間関係マップ」を記録していくことで、Ｃ子をめぐる子どもたちの関係の変化を見つけることができる。

このように、行事や取り組み、おやつ、一人ひとりの子どもの姿や関係の変化などの「事実」が記録されていることによって、クラブにおける学童保育の事実を振り返り、保護者や同僚、他のクラブに紹介したり説明したりすることができる。つまり、これらの記録は「事実を記録すること」を目的としたものであり、改めて事実を確認する必要がある時に活用できるものである。もちろん、日常的に記録していることすべてが常に役に立つわけではない。予想外の問題や関心が生じたときに、記憶というぼんやりとした曖昧なものではなく、確かな事実を書き留め、蓄積してきた記録が大切になってくる。「あのときにきちんと記録しておけば！」と思ったときにはあとの祭りだった……という経験を持つ実践者もいるのではないだろうか。そのときになって記録の大切さを痛感するというのではなく、「記録した事実」がどのような場面で役に立つのかという想像を働かせながら、一つひとつの記録の持っている目的を認識し、その目的を果たすためのベストな様式へと改善し、スタンダードなものにしていきたい。

実践力を高めるための実践記録

　ところで、問ⅴ）は、問ⅰ）～ⅳ）とは記録の目的が異なっている。ⅰ）～ⅳ）が「事実」をそのまま「事実」として求める問いだったのに対して、問ⅴ）は実践のなかにある「事実」を「あれで本当によかったのだろうか？」と問いかけている。この問いは、学童保育実践のＰＤＳＡサイクルを回し続けるプロの実践者として、自身の実践力を高めていくために必要な問いかけである。

　実践者の実践力を高めることを目的とした記録は、事実だけの記録では十分とはいえない。なぜなら、「あれで本当によかったのだろうか」という問いを探っていくためには、記録に書かれた事実そのものを分析・考察・評価することに耐えられる記録でなければならないからである。

　ちなみに、問ⅴ）に応えて実践者が書いた記録は以下のようなものだった。

　Ｅ郎がＤ男たちに怒り顔で砂を投げている。私（実践者）は、Ｅ郎を止めてわけを聞いた。Ｅ郎は、まだ怒りがおさまらない状態ではあったが、「あいつらが、オレとＦ子はラブラブだぁってしつこく言ってくる」と答えてくれた。そんなＥ郎に私は、「それで怒ったんだね。その気持ちわかるよ。」と言ってなだめた。しばらくして、またＥ郎はＤ男たちに砂を投げている。私は再びＥ郎のもとへ行き、「Ｅ郎の怒ってる気持ちわかるから、砂を投げるのはやめような！」となだめた。しかし、いっこうにＥ郎の怒りはおさまる気配がなかった。

　この記録には、確かにＥ郎たちの様子や実践者のかかわりが事実として記録されてい

る。しかし、この内容だけでは実践者の働きかけが「本当によかったのか」を省察することは困難である。というのも、「実践者はどうしてそうしたのか？」という点が明らかにされていないからである。この実践をしている最中に、実践者は何を思考・判断しながらＥ郎たちに働きかけていったのかが記録されておく必要がある。そうすれば、実践者がＥ郎たちをどう把握していたのかがわかり、そのＥ郎たちに対するここでの働きかけはどうだったのかを検討することができる。

　そこで、記録を下のように書き加えてみた（書き加え部分は<u>下線</u>）。

　　Ｅ郎がＤ男たちに怒り顔で砂を投げている。私（実践者）は、<u>砂を投げるという危険な行為をまず何より止めなければならないと思い</u>Ｅ郎を止めてわけを聞いた。<u>怒り顔のＥ郎を見ていると、きっと彼には何らかの理由があるだろうと思ったからだ。</u>Ｅ郎は、まだ怒りがおさまらない状態ではあったが、「あいつらが、オレとＦ子はラブラブだぁってしつこく言ってくる」と答えてくれた。私は、<u>Ｅ郎が怒っている理由に納得できた。そして、Ｅ郎の怒りに共感することで、彼を落ち着かせてあげられたらと思った。</u>そんなＥ郎に私は、「それで怒ったんだね。その気持ちわかるよ。」と言ってなだめた。<u>Ｅ郎をなだめられたことを確認したうえで、ほかの子どもたちの遊びも見なければならなかったため、私はその場を離れた。</u>しばらくして、またＥ郎はＤ男たちに砂を投げている。<u>やはり危険な行為をまずは止めようと思い、</u>私は再びＥ郎のもとへ行き、「Ｅ郎の怒ってる気持ちわかるから、砂を投げるのはやめような！」となだめた。<u>私は、Ｄ男たちもＥ郎をからかうのはすでにやめていたし、いま、ここで大切なのは怒っているＥ郎が怒りをおさめることだし、そのためにもＥ郎の怒りに私が共感してあげながら、ひたすら彼をなだめ続けていけば、きっとＥ郎も落ち着いてくれるだろうと考えたからだ。</u>しかし、いっこうにＥ郎の怒りはおさまる気配がなかった。

　この<u>下線部分</u>が加わったことで、実践者がなぜ怒っているＥ郎を止めて、なだめようとしたのか、その理由が明らかになってきた。危険な行為は直ちに止めさせなければならないという実践に対する考え方を読み取ることができるからである。また、実践者がＥ郎の怒りの原因を把握し、その怒りに共感することで彼をなだめていこうと考えていたこともわかった。しかし、結果としてＥ郎の怒りがおさまることはなかった。それはなぜだろうか。実践者のＥ郎把握は十分だったのか、働きかけの際の思考・判断は適切だったのか、Ｅ郎やＤ男たちに対する具体的な働きかけ方はどうだったのだろうか。これらについての検討は、<u>下線部分</u>が記録されることによってはじめて可能となる。

　書き加えられた<u>下線部分</u>は、文末が「思う」や「考える」となっているように、実践者の「思考」や「判断」を表している。表出した「見える事実（子どもがこうだった、実践

者がこうした……など）」の記録だけでなく、その事実の内側にある思考・判断やそこに到るまでの理由といった「見えない事実」も記録することが、実践を分析・考察して改善につなげていくためには必要不可欠となってくる。

　ちなみに、実践者の「実践」とは、「子どもの言動」と「実践者の言動」、そして「実践者の思考や判断（意識）」の総体である。「見えない事実」とは、まさに「実践者の思考や判断（意識）」を意味しており、「実践」の記録にはこの部分が言語化されて記録となることが求められてくる。そして、これら三つの要素を含みもつ記録こそが「実践記録」と呼ばれるものである。

　実践者の実践力を高めるための記録には、このような実践中の思考・判断が書き込まれる必要がある。そして、実践記録を分析・考察する中で、この思考・判断、子どもの言動、実践者の言動による実践の総体を検討することができ、実践者の実践力は高められていく。

② 実践記録はどのように書けばよいのか

日常的な事実の記録（メモ＝覚え書き）の蓄積を

　実践記録を書くといっても、初めから詳しく、なおかつ実践中の思考・判断まで書き込まれた記録を書くことはとても困難である。そのためには、実践の事実の断片を記した「メモ（＝覚え書き）」が必要となる。

> ○月△日（□曜日）
> 　A子（1年生）たちがタイヤジャンケンをしていると、A子がタイヤからすべってしまい、その際に突いた手首を痛そうにしている。A子は再びスタート地点に戻って並んでいるが、それに気づいたB美（2年生）が相手チーム側からやって来てA子に「どうしたん？」と聞いている。すると、そこにC江（2年生）もやって来て、しばらくA子から話を聞く。3人はそのままクラブの室内へ戻り、クラブの冷凍庫からA子に「保冷剤」を渡してあげていた。

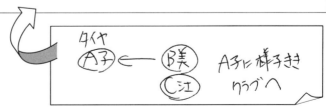

×月▽日（◇曜日）
　D太郎がクラブに帰って来るなり、周囲に「どけどけぇ！」と言い放ち、ランドセルを放り投げる。私（実践者）が「どうしたの？」と尋ねても、「うるせぇ！ババァ！」と言って外に飛び出して行ってしまった。私は、それ以上かかわることをしなかったが、おやつの時間にはいつものD太郎だった。

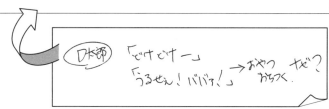

　それぞれの枠内の文章は実践後に書かれた「個人記録」である。そして、下にある付箋に書かれたものが実践過程に実践者が書き留めた「メモ（＝覚え書き）」である。当然のことながら、実践の最中にこれだけの「個人記録」を書くことはできない。しかし、実践の合間をぬって、そのときどきの子どもの様子を記した簡単な「メモ」を残すことは可能である。「メモ」には、あとで思い返したときに重要となる「キーワード」を残しておき、正式な記録を書く際に、それらをつなげて「文」にしていけばよい。

　こうしたメモづくりの際に大切な点は、実践過程で何をこそメモするのかということである。もちろん、「○時△分　E子検温　36.8度」、「F郎　ドッジで転ぶ　すりキズ」といったメモも重要である。これらは、そのままクラブの日誌や健康調査票などに書き込まれていくことになるが、何より保護者へ伝えるために忘れてはならないことを書きとめたメモとなるだろう。

　しかし、上述の個人記録のもととなったメモの内容は、これらとは内容的に異なっている。つまり、実践者が「すごい！」「すばらしい！」「カッコイイ！」など、実践過程で子どもたちの様々な姿に感動を受けた「心揺さぶられた場面」である。まさに、実践者にとっての醍醐味ともいえる場面ではないだろうか。これらは、実践者が少し引いたところで観ている際に子どもたちが感動させてくれることもあれば、実践者の直接的な働きかけを通して子どもたちが感動させてくれることもある。いずれにしても、日常的な実践のなかで子どもと向き合おうとしている実践者が、当事者として感動した場面を書きとめることが大切になってくる（書きとめやすいということでもあるが……）。また、「なんであの子が？」「かかわりがうまくできなかった！」などと気がかりになったり、問題意識を持ったりすることによって、心が揺さぶられる場面もある。こうした場面での子どもたちの姿や実践者の言動を書きとめることも大切である。「心揺さぶられる」とは、振り子のようにどちら側にも振れるのであり、その一つひとつを大切なエピソードとして残していくことが、実践中の思考・判断を含んだ実践記録づくりにもつながっていくことになる。

ここで注意しておきたいことは、たしかに「メモ」の蓄積は重要だが、どのように蓄積し整理していくかを考えなければならないという点である。例えば、上の例では「個人記録」という蓄積と整理が確実にできるものへメモが転記されている。「個人記録」だけでなく、「日誌」や「遊びの記録」、「(実践者の)個人ノート」へ転記される場合もあるだろう。また、「ノリ付きの付箋紙」などを活用して、転記の作業を省く工夫をするクラブもある。「メモ」が「紙くず」になってしまうのか、記録のための大切な「資源」になるのかは、メモの蓄積と整理が確実にできるものへ移行するかどうかにかかってくる。
　また、これらのエピソードの「メモ」は、実践記録ばかりではなく、保護者と共有できるための大切な情報の蓄積にもつながっていく。ここにメモされた事実は、いつでもどこでも実践を語るための基本的な「資源」となるのである。

実践期間ごとの実践記録

　日々の実践から切り取った場面ごとにメモを蓄積し、整理し、まとめていくことで「実践記録」がつくられる。この「実践記録」は、実践に取り組んだ期間によって、実践の一場面と短期的期間と中期的期間の記録に区別できる。なお、長期的期間の記録もあるのだが、本書が目指す省察や検討のための記録には適当ではない。期間については【図2－01】を参照してもらいたい。

【図2－01：一場面・短期・中期・長期の関係】

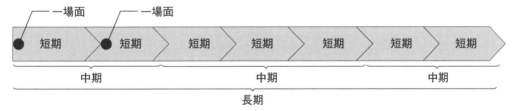

　このように、一本の時間軸から見ると図のような関係になるが、実際にはこうした実践の時間軸は、実践の対象者や方針ごとに存在している。なお、この図に基づいて実践期間の一覧を【表2－02】に整理した。

【表2－02：実践期間の一覧】

期間名		該当時間	実践記録上の留意点
一場面		一定の応答時間	その時々の実践者の意図が鮮明にわかるほうがよい
継続的な実践期間	短期的期間	1日～1週間程度（複数場面）	一場面の実践記録を複数つなげたものがよい
	中期的期間	1週間～2・3か月程度	焦点化したい子ども像、期間内の実践目標、強調したい実践場面、子どもの変化などで文章構成されているものがよい
	長期的期間	1年程度または1年以上	読み物的位置づけとして記録に残すか、複数の中期的期間の実践記録を綴るような形式がよい

第2章　学童保育実践の記録

一場面の実践を記録する方法として

　実践の一場面の記録とは、とりわけ心揺さぶられた場面に焦点を当てて、その場面だけを切り取った実践記録を書いていくことになる。さらに、それはあくまでも「実践」の記録であるため、「子どもの言動」はもとより、「実践者の言動」、そして「実践者の思考・判断」という三つの要素を記録することが求められる。

　しかし、これらをまとまった文章として記述しようとするとき、どうしても上述の三つの要素がぼけてしまう恐れがある。もちろん個人差はあるのだが、文章として長くなればなるほど、ついつい事実（あったこと）だけをつらつらと書いてしまい、ビデオなどでは映像化することのできない実践者の内面世界（思考・判断）を文章で表現できるという、長所が失われてしまうことになる。

　そこで、はじめからこれら三つの要素を領域として位置づけたフォーマットを提起している。下のように三つの要素を領域区分した表を、ここでは「三分割実践記録」と呼ぶことにする。

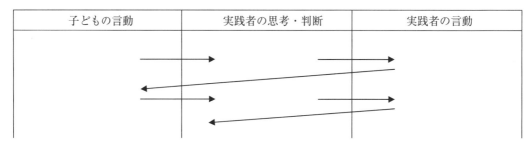

　この表では、「子どもの言動」をとらえ、受けとめた実践者が、「思考・判断」し、「実践者の言動（働きかけ）」へと転じていく。そして、さらにそれを受けた子どもが……と、三つの要素のサイクル（応答関係）を追って記述していく。この表によって、三つの要素がそれぞれの欄に書き込まれていくため、書き手としても、読み手としても各要素がわかりやすく分析もしやすいというメリットが生まれる。また、この表に「必要とされる専門的力量」や「記録時に考察したこと」といった欄を加えて、四～五分割にした表にしていくことも可能となる。

　ちなみに、この表を活用して毎日最低一場面を記録に残そうとしたある実践者は、「当初は真ん中の『思考・判断』がほとんど記録できなかった」と振り返っている。つまり、日常のさまざまな働きかけのなかで明確に意識化しないまま行ってしまったために、自分自身の「思考・判断」を言語化することができなかったといえる。そこでこの実践者は、「記録できるようになるためにも……」と自らの「思考・判断」を意識化しながら実践するようになった。そうしているうちに、次第に「思考・判断」の欄が埋まるようになってきた。それどころか、「気がついたときには、『思考・判断』のところが一番多く記録されるよう

になった」と語っている。

　つまり、実践記録に取り組む過程は、同時に自分自身が「思考・判断」をどれぐらい記録できているのかという現状を認識する過程にもなり、実践中の思考・判断の言語化と実践後の省察を豊かにして、実践力を高めていく過程にもなっている。

　ここで、「思考・判断」がしっかりと記述された記録の一例として、以下の三分割実践記録を例示しておきたい。

【三分割実践記録の例：リョウとケイタのケンカから】

子どもの言動	実践者の思考・判断	実践者の言動
野球をしようと集まってきたところに、リョウがランドセルを持って門の方に走っていく	お迎えに来られた様子もないのにおかしい。また、勝手に帰ったら大変だと思う。	そこにいる子ども達にどうしたのか聞く
「ケイタのランドセルを川に捨てる言っとるんよ」	何か腹のたつことがあったのだな、とにかく止めて話を聞こう	追いかけてとめ、リョウの話を聞く
「ケイタが野球に入れてやらんって言った」と泣きながら言う	リョウもケイタによく入れてやらんと言っていたではないかと思うが……	「ケイタ、入れてやらんって言ったの？」と聞く
「やめるって言ったからやめればって言ったんじゃ」		
「やめるなんて言ってない！やらんと言っただけじゃ」		
「同じことじゃねえか！だからやめればっていったんじゃ」と水掛け論	ここまではっきり言うケイタをはじめて見た	
そばにいる子が「同じチームに弱い子がいるからじゃ」と説明してくれた	やっと事情がわかった。リョウは勝ち負けにこだわる。後から入ったリョウはケイタが決めたチームに弱い子がいるため気に入らなかったらしい	二人の成り行きを見ていた
	リョウは自分の思いを言葉にすることが苦手なため、思い通りにいかないと、物を投げたりけったり、泣いたりしてきたが、人と正面からのぶつかり合いはなかった。ケイタもくつとばしに入れてもらえないとしょげていたこともあったが、野球ではリョウに対して対等に言えるようになっている。自分を出し切るのにいいチャンスだ。リョウとぶつかり合うこ	

第2章　学童保育実践の記録　　37

	とで、壁を乗り越えられるのではないか。リョウも自分中心の遊び方でなく、仲間から指摘されることも必要だ。できるだけ二人が思いを出し合ったほうがいい。いや、出し合わなければと思った	
リョウは「やらんって言ってない」と泣きながら自分のくつを投げつける	また、物を投げ始めた……でも止めないでおこう	
オイオイ泣きながら部屋に入る	今度は部屋で八つ当たりするかもしれない	様子を見に行こうとする
今度は水筒を持ってくる	水筒は投げたら危険！投げさせられない	「そんなもの投げたら危ない！」と止める
「投げるんじゃない！これをかけてやるんじゃ！」	「かける」という方法があったか……	
ケイタ「武器を使わんと勝てんのか！」と今度はつかみあい。	リョウは大人ではなく仲間に指摘されることが必要。オオーッ！二人とも初めてのつかみあいだ！	
周りの子どもたちも取り囲んで見守っている。	とめた方がいいか……と迷いもでる。いや、ここはどうしても必要	見守る
取っ組み合いのけんかになり、けったり叩きあいになる。髪の毛をつかもうとする。	大きなけがをしそうになったら止めよう。髪のつかみあいになると止めなければ……お互い髪が短くつかめなくてほっとする	
ケイタのランドセルはいつの間にか野球の仲間がクラブの中に戻してくれている	ケイタは仲間とのつながりがしっかりできているのだな	
二人がハアハア言い出した	リョウは勝負にこだわる。また、リョウの気持ちを言葉にしていくことも必要。	「リョウも決められたチームはいやだったけど、本当は野球をしたかったんよね！野球で勝負しようよ！」
「お前のタマなんか打ってやる」と泣きながらリョウ		
「お前なんかアウトにしてやる！」		
ケイタはリョウの気持ちも考え「お前がジャンケンしろ」とリョウと浩介にさせチームをきめさせる	今までケイタは「入れてやらん」とリョウからたびたび言われてきた。そのリョウに対して自分ではなく、リョウと浩介にじゃんけんで決めさせることができることに	

	感動した	
クラブ外の子どもたちも入り、夢中で野球をやる		
帰りの笛が鳴る頃には、お互いすっきりした表情だった。さわやかな笑顔で部屋に入った	二人とも自分の気持ちを出し切った。リョウは勝ち負けだけではなく、遊びの本当の面白さを感じとったのではないか。ケイタは今まであった壁が崩れたような感動を味わったのではないだろうか	二人の表情を確認。どちらが勝ったかはあえて聞かなかった

一場面の実践記録から継続的な実践記録へ

　メモという「点」の記録から、さらに切り取った場面の実践記録という「線」の記録へ、そして、これらの場面がつながっていくことで「継続的な実践記録」が織りなされてくる。一定期間に渡る継続的な実践記録をつくるためには、上述のような一場面ごとの実践記録の集大成が求められるため、よりいっそう文章化していく取り組みが必要となる。つまり、一場面ごとの「三分割実践記録」に取り組んだ上で、さらにこれらをつないで継続的な実践記録へと仕上げていくことが求められる。このような手順で実践記録をつくっていくことで、以下の三つのメリットが考えられるだろう。

①実践者の「思考・判断」を「三分割実践記録」をつくる過程ですでに明らかにしているため、文章化する際にぼやけてしまう心配がなくなる。

②個々の場面にあらわれる実践者の「思考・判断」の背景を明確にすることができる。一場面ずつ切り取った断片的な記録では書ききれない子どもたちのこれまでの状況や過去の実践者のかかわり、実践者が設定している方針などの「背景」を書き込むことで、「思考・判断」にますます厚みが生まれ、実践分析も深まってくる。

③継続的な記録としてまとめていくことで、実践者の「思考・判断」の理解が深まるだけでなく、何より子どもの「成長・変化」を明らかにすることができる。短期的または中期的といった幅のある期間で子どもの「成長・変化」を追いかけることによって、子どもたちの事実や実践の意味をよりダイナミックにとらえることができるようになる。

　ところで、こうした「継続的な実践記録」は、いわば一つひとつのピースをつないで作り上げるパズルのようなものである。言うまでもないが、パズルには、完成させたいイラストや写真があるからピースをつなぎ合わせることができる。それでは、「継続的な実践記録」を作成する上で、ピースをつなぎ合わせる役割を果たすのは何だろうか？　それは、その実践において実践者が持ち続けた実践のテーマ（実践の目標・方針）である。つまり、実践者が心を動かされた場面の記録が蓄積されるとともに、それらを一定のテーマに沿ってまとめることで、一つの「継続的な実践記録」が作成されることになる。そのため、実

第2章　学童保育実践の記録　　**39**

践記録のテーマには、注目してほしい子ども、活動（遊び、行事など）、実践者の働きか
けや思い、考え方などが記されている。

継続的な実践記録の書き方

　さらにここから、継続的な実践記録の具体的な書き方について詳述しておきたい。
　まず、実践記録の主人公の一人は、実践者自身である。そしてもう一人の主人公は、実
践の対象者（複数可）である。したがって、後者の主人公が誰なのか、さらには、なぜ主
人公にしたいのかを明確にしておかなければ、実践記録を書くことはできない。その際以
下のことに注意が必要となる。
　　①本実践で最も焦点を当てたい対象者（複数可）を明確にする
　　②この対象者に焦点を当てたい理由を明確にする（主に実践者の問題意識）
　　③この対象者の過去を描けるようにしておく（本実践に必要な情報を限定）
　次に、上述のように焦点を当てたい実践対象者について記述するだけでなく、必要に応
じて実践対象者以外のことにも詳述しなければならない場合がある。例えば、以下のよう
な項目が挙げられる。
　　①焦点を当てたい活動（遊びや取り組みなど）のこれまでの経緯や過程
　　②焦点を当てたい対象者と保護者とのこれまでの関係
　　③焦点を当てたい対象者と実践者とのこれまでの関係
　上記以外も含めて、記録し、省察するために必要な情報は詳述しておくとよい。こうす
れば、読み手にも明確に実践の趣旨及び内容が伝わるであろうし、実践者が記録する上で
も対象者以外で焦点を当てておきたいものを自覚化できる。
　常に実践は継続しているのだが、期間として敢えて「区切る」ことで「ここから、ここ
まで」の実践記録となる。そして、この期間が中期的期間であるならば、1週間〜2、3
か月程度という時間的枠組みを前提とする。
　しかし、単に時間的枠組みだけではなく、以下の観点からも「ここから、ここまで」と
いう実践期間を設定しなければならない。
　　①目標を設定し、意識的に実践として取り組み始めたところから始める
　　②目標とマッチした対象者の変化があらわれたところで区切る
　　③実践の方向性が大きく転換・展開したと思われたところで区切る
　そして、実践目標の設定である。実践目標とは、実践者自身が定めた実践のための到達
目標である。実践途中で柔軟に実践目標を変更・更新することもあるが、実践は目標に
よって方向づけられる。また、目標達成までの段階的な計画を立てる上でも必要となる。
さらに、実践目標が一つの指標となって、実践の評価へつなげることもできる。だからこ
そ、実践目標は実践のスタートとゴールの両方を決定づける重要な鍵といえる。

先ほどの三分割実践記録の例にあったリョウとケイタを例に取り上げることにしよう。ここで、「リョウとケイタがつながり合う」という実践目標にすると、まだ抽象的で十分な目標設定とはいえない。リョウとケイタがつながり合うとは、どのような具体的な姿なのかをイメージしておく必要がある。したがって、「リョウとケイタが同じ遊びに参加できるようになる」「リョウとケイタが遊びのなかでお互いの意見を出し合えるようになる」「リョウとケイタがほかの遊びや行事でもお互いに関心を持ち合えるようになる」などが該当する。

　また、「リョウとケイタが仲良くなる」という目標を大目標と設定して、上述の目標が段階的なものとして設定される場合もあり得る。【表2－03】を参照されたい。

【表2－03：段階的な実践目標の設定例】

大　　目　　標	リョウとケイタがつながり合える
段階的目標ⅰ	リョウとケイタが同じ遊びに参加できるようになる
段階的目標ⅱ	リョウとケイタが遊びの中でお互いの意見を出し合えるようになる
段階的目標ⅲ	リョウとケイタがほかの遊びや行事でもお互いに関心を持ち合えるようになる

　この表の通り、実践目標を具体的かつ段階的に設定することは、実践する上でも実践を記録する上でも肝要である。また、その際には目標設定のレベルについても吟味・検討の視点を持っておきたい。例えば、段階的目標ⅰであれば、「リョウとケイタが同じ遊びに参加できるようになる」といっても、両者の偶発的な参加によってなのか、実践者の意図的な誘いによってなのかでは難易度も変わってくるだろう。この難易度の違いも視野に入れることで、目標設定はよりいっそう具体的かつ段階的に設定できるようになるだろう。

　上の表に象徴されるように、継続した期間における実践は段階的に展開していることがわかる。したがって、実践者は実践目標に迫っていくためにも、実践段階をデザインすることが求められるのである。

　実践記録を書くにあたっては、あらかじめ実践段階を設定していた場合、設定していた実践段階と実際の実践との間に齟齬がなかったかどうかを検討し、齟齬が生じている場合は修正し、実践記録のための実践段階を明示する。

　一方、あらかじめ実践段階を設定していなかった場合は、これまでの実践をふり返り、実践の内容や子どもの変化と照らし合わせながら、帰納的に段階を設定するとよいだろう。同時に、実践段階を明示化しながら、どの段階が本実践上の布石で、ターニングポイントで、山場（最も伝えたいまたは検討したい段階）なのか、などと各段階の位置づけを明確にしておくと、記録に取り組む際に大いに役立つだろう。つまり、実践記録を書く前には、本実践の流れ（文脈）や到達点（ゴール）などを見据えた上で取り組まなければならないということである。

　これらのことをふまえて、「継続的な実践記録」を作り上げるための具体的な手順を示しておきたい。

第2章　学童保育実践の記録　　41

「継続的な実践記録」を書くための手順

手順①　＜テーマ設定＞

まずはテーマを決める。このテーマは、実践目標と一致してくるため、記録の際には、実践目標として明確に位置づけるのが望ましい。

（例）私は、リョウとケイタがはじめてぶつかり合えたことで、二人がお互いの思いを出し合えるようになり、つながり合えたことを書きたい…

すると、私（実践者）の実践目標（私が目指していた子どもの姿）は、やはり「リョウとケイタがつながり合える」ということになる…

手順②　＜記録集め＞

登場する子どもにかかわったメモや記録、子どもとかかわったときの実践者の記録（三分割実践記録など）を集める。（※これは、実践記録を書いている途中で必要になったものを引き出す場合もある）

（例）リョウとケイタそれぞれの個人記録、二人のこれまでの遊びの記録、二人がはじめてぶつかり合ったときのことは三分割実践記録で整理してみて…

──ここからは、実際に実践記録として書き始めることになる──

手順③　＜クラブの全体像＞

そこでまず、クラブの児童数やスタッフの体制など、クラブ全体のことを記録する。

手順④　＜登場する子どもの背景＞

次に、登場する子どものこれまでの様子やこれまでかかわってきたことについてテーマに沿った内容を抽出して記録する。

（例）リョウにはこれまでどんなことがあった？　ケイタは？　二人の関係は？

実践者たちは二人をどのようにとらえてきた？

そして、どのように働きかけてきた？

手順⑤　＜中心となる場面での実践＞

そして、今回の実践記録の中で特に局面となった場面について、実践者の思考・判断もしっかりと交えた実践を記録する（ここは、実践検討してもらいたい場面でもある）。

（例）二人がはじめてぶつかり合った場面を三分割実践記録にしたから、それをベースに文章化してみると…

手順⑥　＜その後の変化＞

その後、この子たちにどんな変化があったのか、その具体的な事実を記録する

（例）二人がはじめてぶつかり合った後、「コマ回し大会」で起きた出来事は…

手順⑦　＜自己分析と総括＞

これまでの記録を踏まえて、実践者自身で総括をする。この実践記録を書きながら、自らの実践をふり返って気づいたことや教訓になったことを言語化する。

（例）子どもたちにとってぶつかり合いとは？　ぶつかり合う経験、つながり合う経験を支える実践者の働きかけとは？

※上のどこかの段階で、テーマにふさわしいタイトルを！

　このように、大きくは七つの手順「（①テーマ設定→②記録集め→）③クラブの全体像→④登場する子どもの背景→⑤中心となる場面での実践→⑥その後の変化→⑦自己分析と総括」を踏まえていけば「継続的な実践記録」が形としてできあがることになる。

　しかし、ここで一つ注意しなければならないことがある。実践を分析・考察し、実践の改善や実践者の実践力の向上へつなげていくことを目的とした実践記録の場合、3か月から1年間またはそれ以上の長期的な実践記録では、重点的に記録する期間を限定しなければならない。というのも、その期間が長ければ長いほど、一場面ごとの事実や思考・判断の叙述が薄められてしまうからである。「あの子の発達課題に対して、特にこの期間で意識的な『働きかけ』をした。その結果、あの子はその『働きかけ』を通してこのような変化が見られるようになった（または、見られなかった）」などの実践の目的・目標が明確にあり、それにかかわって取り組んできた実践が2〜3か月程度までの中期的な期間で記録されていれば、分析する側も何についてどこに注目して分析していけばよいのかを明確に持つことができる。

実際の実践記録から学ぶ

　ここで一つの「継続的な実践記録」を紹介したい。この記録は、2009年当時に岡山県岡山市の実践者である土田澄子さんによって書かれた記録である。タイトル、構成については下記の通りとなっている。

タイトル『ぶつかり合いがつながりのきっかけに〜ぶつかり合いを大切にしたい』
1．今年度のクラブの児童数と指導員体制＜クラブの全体像＞
2．実践目標（実践記録のテーマ）

　上述した通り、抽象的な目標にならないように、具体的な到達目標を見据えながら段階的な目標を設定していくことが求められる。これは、そのまま実践記録のテーマともなるし、実践検討の際の重要な指標にもなる。

※なお、この項目については、本書のねらいに即して、実際の実践記録をもとに筆者が追記した。

3．リョウとケイタ＜登場する子どもの背景　これまでの子どもの実態＞

リョウ、ケイタそれぞれの発達課題と、二人の関係についての課題が中心となって書かれている。彼らは3年生ということもあり、2年生の頃の特徴的なことにもふれられている。

4．二人をつないだ野球＜登場する子どもの背景　実践者のかかわり＞

ここでは、二人をつなげていきたい、つなげていくなかで二人の個々の発達課題にもアプローチしていきたい、という土田さんをはじめ実践者たちのかかわりの方向性も提起され、「野球」を通してのかかわりが記録されている。

5．初めてのぶつかり合い＜中心となる場面での実践＞

この実践記録のなかで、最も大きな局面となっている場面である。二人は取っ組み合いのケンカにまで発展するが、ここでの実践者の「思考・判断」は三分割実践記録をもとにかなり丁寧に記録されている。

6．二人の変化＜その後の変化＞

初めてのぶつかり合いをきっかけとして、その後の二人の変化、実践者のかかわりなどが記録されている。これまでの実践がどうだったのか、「その日」だけのことではわからない二人の変化が、継続的な「その後」の姿として、特に「コマ回し大会」の場面を中心に記録されている。

7．大切にしたいぶつかり合い＜自己分析と総括＞

これまでの実践を通して、実践者が何を思い、感じたのか、子どもたちの姿や自らのかかわりから何を学んだのか、について記録されている。特に、タイトルにもある「ぶつかり合い」に対して、自らの実践をふり返り学んだことやこれからの実践に向けての思いが書かれている。

それでは、土田さんの実践記録を実際に紹介しながら、記録していくためのポイントを解説していくが、その際、実践者が実践記録の中で下線を引いた部分に注意しておいてもらいたい。下線部はそれぞれにポイントとなる点だが、詳しくは解説に記述している。

ぶつかり合いがつながり合いのきっかけに～ぶつかり合いを大切にしたい

記録者：土田 澄子（岡山県岡山市）

1．今年度のクラブの児童数と指導員体制

●今年度のクラブの児童数

	1年	2年	3年	合計
男子	11	12	7	30
女子	7	10	7	24
合計	18	22	14	54

●指導員体制

正規指導員…２名、補助指導員…２名（常時４名）

２．実践目標（実践記録のテーマ）

リョウとケイタが、同じ遊びに参加する中で、お互いの思いを出し合う（ぶつかり合う）ことができるようになる。このぶつかり合いをきっかけとして、二人がつながり合うことができるようになる。

３．これまでのリョウとケイタについて

３年生のリョウはたくさんの仲間との遊びを好み、本気です。何か目標があると集中してそれに向かって徹底的に努力し、こまやけん玉、一輪車など次々と自分のものにしていき、周りの子からは一目置かれている。

２年生の頃は、ブランコでのくつとばしがブームになったことがあったが、リョウがルールを作って中心になって遊んだ。ブランコに乗りながらくつとばしをして順位を決め、上位から順番に決められたブランコに乗っていく。リョウはたいてい六、七人で遊び、いつも上位になって毎日生き生きとやっていた。しかし、半年ほどすると１年生からは「いつもリョウと遊ばんといけん」「途中でやめさせてくれん」ケイタたち同級生からは「入れてくれん」という声が聞こえてくるようになった。リョウは同級生より思い通りになる下級生を集めて自分が中心になって遊んでいた。

ドッジボールやサッカーなども力いっぱいするが、勝ち負けのこだわりが強い。自分が有利になるようなチーム分けをしたり、負けそうになると相手をけったり、泣きながら走り去って別の場所で物を投げたり、ひっくり返したりした。しかし、それ以上相手との関わりはしようとしなかった。リョウは気持ちを言葉にするのが苦手だ。

遊びは積極的で本気のリョウだが、誕生会などクラブ全体で集合すると、一人だけいつまでも歩き回ったり、ロッカーの上にあがったりして、「自分を見て、見て」というような目立つ行動をした。他の子どもたちも見ている。「みんなが待っているから早くすわって！」と注意すると泣きながら物を投げたりけとばしたりした。リョウの行動の理由や気持ちがつかみにくく、どう対応していけばよいのか悩んでいた。

学校の担任の先生に相談すると、学校の授業中は先生に指名されても、蚊のなくような声しか出ていないとのことだった。常に１番でなければ気がすまないリョウは学校では自信がなかったのではないだろうか。

一方リョウと同級生のケイタは、２年生になってクラブに途中入所。鬼ごっこやサッカー、ドッジなど上級生や女の子たちとも一緒に大人数で遊ぶのが好きだった。ケイタはこま、一輪車などもできるようになり、リョウとも対等に遊べる力をもっていた。入所当初はリョウとも一緒に鬼ごっこやドッジなどをしていたが、次第にリョ

ウが中心になっているくつとばしには入れないことが多くなり「入れてくれん」としょげているケイタ。一緒に遊んでほしいと思い、リョウに「ケイタも一緒にくつとばししたいみたいよ」と声をかけるが、「入れてやらん」という返事。「どうして？」「どうしたら一緒にできる？」と聞くと知らん顔をしてブランコをこいでいるか、「うざいんじゃ」の一言ですませてしまう。ケイタに「入れてって一緒に言いに行こうよ」と言っても、「どうせ入れてくれんもん」と弱気だった。入所当初の元気なケイタに戻ってほしい……くつとばしができなくても他の遊びがあるではないか「他の遊びをしようよ」と誘うが「せん……」とケイタは部屋に入ってしまった。

　また、ケイタが持ってきたベイブレードをリョウが使い、その後「返してくれん……」と浮かない顔をしているケイタから、リョウに対等に物が言えていないことも感じられた。ケイタは次第に「もうたんぽぽやめたい」と涙ぐんで言うようになった。このことをお母さんに話をすると、「ケイタは家では弟にえらそうにしてるのにねえ……弟に言うように言えばいいのに！」と言われた。途中入所のケイタはまだクラブでは自分を出せていなかったのだ。どうやって、二人をつないでいくか指導員間でも話をするが、なかなか方向性が見出せなかった。

【解説】

　2のようにこの実践を通して目指したい子どもたちの姿が明確になり、この実践が何をしたい実践なのかがわかりやすくなっている。あわせて、実践を検討する際にも、この実践目標に対して子どもはどうだったのか、実践者の働きかけはどうだったのかと分析・考察することができる。

　3の「背景」とは、これまでの実践、そして記録の積み重ねになる。特に、1年前の頃の様子を具体的に書こうとした際に、「メモ」から始まる記録の重要性が改めて確認できる。ちなみに、土田さんは実践記録《　直線部　》について、リョウ、ケイタの「個人記録」や毎日の学童保育所での「遊びの記録」をひも解きながら記録していた。そして、言うまでもなく、それらはメモ帳のページごとに書かれている「メモ」がもとになっている。

　また、《　波線部　》については、土田さんのリョウ、ケイタに関する考察（特に彼らの課題）、かかわりに関する悩みや葛藤などが書かれている。実践の「思考・判断」と同様に、子ども理解への考察、そのときそのときの実践者の悩みや葛藤、または喜びなどの内面も、文字だからこそ表現できるものである。これらが書き加えられることで、実践記録はますます共感的に理解できやすくなり、分析・考察にもつなげやすくなるだろう。

　なお、《　点線部　》は、まさに「切り取った場面の実践記録」の一つとしてとらえることができるだろう。ただし、ここではあくまでも「背景」としての位置づけであるため、土田さんはあまり詳細に書いていない。もし、この場面を重点的に検討しようということであれば、そのときはここだけを「三分割実践記録」にしてみるのもよいかもしれない。

4．二人をつないだ野球

　ケイタはどうしたらクラブの中で自分を出せるだろう……と考えていた頃、ちょうどケイタは地域のソフトボールチームに入り、お父さんの勧めもありクラブで野球を始めた。「ルール教えてやるからやろうや。楽しいで」と他の子をさそい野球を始めた。最初は二、三人だったが、仲間を増やしてほしかったため、私や他の指導員も入った。そして、ケイタたちがさそいあって毎日毎日野球をしている姿をクラブ便りで知らせた。ちょうど、くつとばしをしている正面で始めたので、くつとばしをしていた子どもたちも入るようになり、半年ほどすると、見事に仲間が増え、地域の子どもたちも一緒に毎日10人くらいで遊ぶようになっていた。

　「女の子には手加減してやれえ」「ナイスあきと！」「ちゃんと取れえ！」「打ったらすぐ走れ！　走れェ！」といつもいろいろな子どもたちの元気な声が響いていた。心と身体をしっかり使い、仲間とふれあい、スリルや爽快感を味わうことができる野球。リョウも一緒に遊んでほしい……これなら二人つながれるのではないかと「一緒にしない？」と声をかけるが、詳しいルールを知らないリョウは最初は首をたてにふらなかった。しかし、くつとばしをしていた子どもたちも次々と入っていくなか、遠巻きに見ていたリョウも、自分から少しずつ入るようになり、ケイタがルールを教えたり、打ち方のアドバイスをしたりした。ケイタはリョウがルールを守らなければ「いけんで」と注意したり、新しく購入したベースを大切に扱い1年生にも「ベースを片付けろ」と声をかけるようになっていった。

【解説】

　4では、リョウとケイタにどのようにかかわっていこうか、と実践者が悩んでいるなかで、「野球」との出会いがあった。この「野球」こそ、後の「初めてのぶつかり合い」を生み出すことになる重要な遊びとなる。土田さんは、《　直線部　》で実践者がこの「野球」にどのようにかかわっていったのか、そしてリョウへのかかわりについても記録している。この部分についても、個人記録やあそびの記録をベースにしていた。

　また、《　波線部　》については、「野球」を通して、ケイタとリョウがどのように変化してきたか、その姿が書かれている。「野球」へ自ら加わってきたリョウ、そして「野球」のなかで少しずつ自信を持ち始め、リョウとも対等な関係になろうとしてきているケイタのことが記録されているため、「初めてのぶつかり合い」が生み出されていくプロセスが鮮明になっている。特に、この実践記録の中心場面となるのは、5のタイトル通り「初めてのぶつかり合い」の場面であるため、そこまでに、「子どもの姿・変化」「実践者のかかわり・思い」などのプロセスが鮮明であればあるほど、中心場面を読み開くことができやすくなる。これが、「背景」の果たすべき重要な役割なのである。

第2章　学童保育実践の記録　　**47**

5．初めてのぶつかり合い

　ある日野球を始めようと集まってきたところに、リョウがランドセルを持って門のほうに走って行く……お迎えに来られた様子もないのに、何だか様子がおかしい……そこにいる子どもたちに聞くと「ケイタのランドセルを川に捨てる言っとるんよ」「ええーッ！！」追いかけて止め、リョウに話を聞くと「ケイタが野球に入れてやらんって言った！」とリョウ。リョウもケイタによく入れてやらんと言っていたではないかと思いながらも「ケイタ、入れてやらんって言ったの？」と聞くと、「やめるって言ったから、やめればって言ったんじゃ！」「やめるなんて言ってない！　やらんといっただけじゃ」「同じことじゃねえか！だからやめればって言ったんじゃ」と水掛け論。しかしこんなにリョウにはっきり言うケイタは初めて見た。そばにいる子が「同じチームに弱い子がいるからじゃ」と私に説明してくれた。やっと事情がわかった。後から入ったリョウはケイタが決めたチームが気に入らなかったらしい。私は、できるだけ二人が思いを出し合ったほうがいい。いや、出し合わなければと考え二人の成り行きを見ていた。

　「やらんって言ってない」と泣きながら自分のくつを投げつけるリョウ。そしてオイオイ泣きながら部屋に入ったかと思うと今度は水筒を持ってきた。「そんなもの投げたら危ない！」と止めると「投げるんじゃない。これをかけてやるんじゃ！」ケイタは「武器を使わんと勝てんのか！」と今度はつかみあい。オオーッ、二人ともはじめてのぶつかり合い。リョウは自分の思いを言葉にすることが苦手なため、思い通りにいかないと、物を投げたり、けったり、泣いたりしてきたが、人と正面からのぶつかり合いはなかった。ケイタもくつとばしに入れてもらえないとしょげていたこともあったが、野球ではリョウに対して対等に言えるようになっている。自分を出し切るいいチャンスだ。リョウとぶつかり合うことで、壁を乗り越えられるのではないか。リョウも自分中心の遊び方でなく、仲間から指摘されることも必要だ。相手の気持ちを知ることも大切だ。大きなけがをしない限りしばらく様子をみようと思い見守った。周りの子どもたちも取り囲んで見守っている。取っ組み合いのけんかになり、けったり叩き合ったり……髪の毛をつかもうとするけれど、幸いお互い短くてつかめない。ケイタのランドセルはいつのまにか野球の仲間がクラブの中に戻してくれている。

　リョウは勝ち負けにこだわる。また、リョウの気持ちを言葉にしていくことも必要だと考え、二人がハアハア言い出したところで「リョウも決めたチームはいやだったけど、本当は野球をやりたかったんよね！　野球で勝負しようよ！」と提案すると「おまえのタマなんか、ぜったいうってやる！！」と泣きながらリョウ。「お前なんか、アウトにしてやる！！」と返すケイタ。それでも、ケイタはリョウの気持ちも考えたのか、「お前がじゃんけんしろ」とリョウと浩介にさせ、チームを決めさせてくれた。

今までケイタは「入れてやらん」とリョウからたびたび言われてきた。それなのに自分ではなく、リョウと浩介にジャンケンで決めさせる、それができるケイタに私は感動した。リョウもケイタに受け入れられた実感があったのではないだろうか。それからクラブ外の子ども達も入り、夢中で野球をやり、帰りの笛がなる頃にはお互いすっきりした表情だった。私は二人の表情を確認し、どちらが勝ったかあえて聞かなかったが二人ともさわやかな笑顔で部屋に入った。二人とも勝ち負けだけではない、遊びの本当の面白さ、仲間と協力したり、スリルや爽快感などを味わったのではないかと思う。ケイタもリョウも自分の気持ちを出し切り、対等な立場で初めてのとっくみあいのけんかとなった。そして、二人の間にあった壁が崩れたような感動を味わったのではないだろうか。

　この感動を保護者にも伝えたい、また、ぶつかり合い、けんかが悪いことではなく、大切にしていきたいということを伝えたくて、クラブ便りにのせた。名前は伏せていたので、「このＡくんがオレ？」「オレはＢくん？」と二人でにやにやと読んでいる。このぶつかり合いを経て二人の距離はぐんと縮まったことを確信した。リョウはケイタより学校から早くクラブに帰ると「ケイタはまだ？」とケイタを待つようになり、「ケイタ、野球をしよう！」とおやつもそこそこに二人一緒に外に飛びだして行くようになった。

【解説】

　5は、いよいよ中心場面となる。《　直線部　》は実践者の「思考・判断」に対応しているところである。先ほども述べたが、これだけの場面であるため「あのとき、私はなぜこうしたのだろう？」と掘り起こしていく作業をすることは、とても大変だったとうかがえる。しかし、土田さんには、このときすでに、彼らに乗り越えてほしい課題（段階的目標）が明確になっていて、その課題に向けての見通しも見えてきていた。そのため、リアルタイムで土田さんは自らの「思考・判断」を意識できていたように思われる。

　それともう一点、土田さんは「三分割実践記録」でもこの場面での実践を記録している。（※37〜39ページの三分割実践記録例を参照）やはり、「三分割実践記録」を文章につなげていくことで、最も可視化しにくい「思考・判断」が、文章の中でぼかされることなく書けるようになるのである。

６．二人の変化

　それから２週間後には、クラブでのコマ回し大会があった。コマ回し大会は長生き競争と技とに分かれている。リョウは自分から、長生き競争の１位、２位、３位の判定をしたり、優勝者の名前を黒板に書いたり、笛をきざんでふくことで時間を知らせるなど自分のありったけの力を出した。１年生でまだひもが十分巻けない子には自然

第2章　学童保育実践の記録　　49

に巻いてあげている。手のせ部門ではリョウが１位、長生き競争３年生部門はケイタが１位、リョウが２位となった。私が「時間がないから（１学年から上位三人ずつ出て決勝戦をする長生き競争の）グランドチャンピオン決定戦はとりやめにしてもいい？」と言うと、ケイタは「どうしてもグランドチャンピオン決める！」と譲らなかった。こんなに主張するケイタは初めてだ。帰る時間がせまっていたが、グランドチャンピオンを決めることになった。

　「やるでー、九人揃っとる？　あ、ケイタは？」とケイタがその場にいないのに一番に気がついたのはリョウだった。すぐに手洗い場やトイレに探しに行った。そして、九人揃い熱気を帯びた決勝戦は、結局ケイタが勝ちグランドチャンピオンとなった。晴れ晴れとしたケイタの表情。私は何でも一番でないと気がすまないリョウがまた爆発するのではないかとリョウを見た。一瞬悔しそうなそぶりはしたが、すぐ立ち直った。何事もなかったように「早く表彰式しよ！」と言うリョウに大きな変化を感じた。

【解説】

　この「コマ回し大会」も、場面として切り取っていけば、実践としていろいろと見えてくるかもしれない。しかし、この実践記録での位置づけは、「リョウとケイタの関係の変化」が中心となっている。単純に「こうすればこうなった！」ということではなく、実際にどのような変化が事実としてあったのかに焦点を当てて、「コマ回し大会」のエピソードが書かれたことで、書き手はもちろん、読み手もそのテーマで読み開くことができる。

　もしここで、土田さんが「ぶつかり合って二人はとても変わった」とだけ記録していたなら、「本当に変わったのか？」「いったいなぜそう感じたのか？」「そこに基づく証拠は何があるのか？」などという声が上がってくるかもしれない。やはり、土田さんがこれまで継続的に働きかけ続けてきたからこそ、彼らの変化に心を揺さぶられるのである。そんな心揺さぶられるエピソードが記録されることによって、分析・考察にもつながりやすくなるだろう。

7．大切にしたいぶつかり合い

　クラブではいろいろな遊びを本気でし、充実しているように見えていたリョウだが、いやがる下級生をつなぎとめて遊んでいても、心は満たされなかったのではないだろうか。無理矢理一緒に遊ぶ関係では、仲間関係は築けないし、安心できる場とはなっていなかったと思う。

　クラブの全体の集まりで、リョウがわざと目立つ行動していたときも、私はリョウの気持ちを受けとめ考えるよりも、周りにいる子どもたちが見ていることに気をとられ、その場を収めることばかりを考えていたように思う。そんなリョウは、ケイタとのぶつかり合いで本当に仲間として受け入れられたという実感をもったのではないだ

ろうか。あれから全体で集まる前には、片付けてないくつをくつ箱に入れてくれるようになり、「ありがとう」と声をかけると普通に座るようになった。

気に入らないことがあれば簡単に仲間はずれにしたり、物を投げたりひっくり返して、人と深く関わろうとはしなかったリョウ。また、途中入所のため遠慮気味で自分を出しきれず、思いをなかなか伝えられなかったケイタ。このとき二人にとってはぶつかり合いが必要だったのだと思う。お互いさらけだすことで、相手の気持ちを知ったり、自分の思いも伝えたりすることができる。そして二人の距離を縮めることができたのではないだろうか。

人とのかかわり方は、衝突したり、自分を主張したり、我慢するというようなわずらわしい人間関係を経験するなかでしか獲得していくことはできないのではないだろうか。お互いをさらけ出し、ぶつかり合うことの大切さを再認識させてくれたできごとだった。

【解説】

「　直線部　」は、実践記録を書き終えて、実践者自身が振り返ったときに改めて見えてきたリョウとケイタの内面世界である。そして、「　波線部　」は、改めて見えてきた土田さん自身の思いや考え、そして学びである。土田さん自身も、リョウとケイタへの働きかけに日常的に注力しながら、そのときそのときをとらえ、どうしていこうか、などと省察を深めてきた。しかし、こうして振り返りながら文字に表していくなかで、見えなかったことが見えてきたのだと思われる。つまり、彼女はこの実践記録を書いていくなかで、同時に実践の分析も行っていたということになる。

この「まとめ」にあたる部分は、現時点での分析・考察の到達点を示す意味でも大切な役割を果たしている。このあと、この記録がより集団的に検討されていくなかで、実践者が見えていなかった部分が新たに見えてくることになるのである。

以上のように、土田さんの実践記録を追いかけながら、「継続的な実践記録」の書き方について考えてきた。土田さんは、この実践記録を書くにあたって、「メモ」「個人記録」「遊びの記録」「日誌」などをふんだんに活用していた。しかし当初は、それでもまだ内容がわかりにくかったり、「思考・判断」が見えにくかったりしていたのである。そこで、以降も「わかりにくい」「見えにくい」点を明らかにし、改善を図っていった。

つまり、大切なのは「実践記録は書いたら終わり」「検討会で発表したら終わり」なのではなく、まさに実践記録を実践者の財産として、磨きをかけながら、積み上げていくことなのである。

実践記録を持続可能なものにするために

　なお、今回例示した文章化した実践記録は、ここまでの形にしていくために大変な時間と労力を要するだろう（個人差はあると思うが……）。そこで、本章の最後に継続的な実践記録をより簡易に取組める方法を以下の通り紹介しておきたい。

【対象・文脈】 ①どんな子ども（たち）なのか？ ※これまでの様子も含めて記録	
【契　　機】 ②今回はその子ども（たち）に何があったのか？	
【実践目標】 ③あなたはその子ども（たち）にどうなってほしかったのか？	
【実践内容】 ④実際に、③のためにどのように働きかけたのか？	
【成果・課題】 ⑤④のように働きかけてみてどうだったのか？	

　上の表で見ると、①の【対象・文脈】と②の【契機】が上述の「背景」となる。この背景をふまえた上で、③【実践目標】を明確に言語化し、④【実践内容】で実際に働きかけたことを簡略化して記録をする。そして、⑤の【成果・課題】が上述の「その後の変化」や「自己分析と総括」に該当する。ポイントは、決して文章化を重視するのではなく、要点だけを絞って簡易的に記録できる点にある。

　この一例として、先ほどの土田さんの実践記録の内容をそれぞれに落とし込んでみると次のようになる。

【対象・文脈】 ①どんな子ども（たち）なのか？ ※これまでの様子も含めて記録	・リョウ（3年生） たくさんの仲間と遊ぶのを好み、目標に向けて集中できるため、遊びでも上達して、周りから一目置かれている。しかし、自己中心的なところがあり、従ってくれやすい下級生と遊ぶことが増えてきた。自分の思いを言葉にすることは苦手で衝動的な面もある。 ・ケイタ（3年生） クラブには2年生になって途中入所。上級生や女子など大人数で遊ぶのを好む。リョウとも対等に遊べる力をもっており、入所当初はリョウとも一緒に遊んでいたが、リョウに入れてもらえないことなどもあり、「入れてくれん」としょげる場面もあった。
【契　機】 ②今回はその子ども（たち）に何があったのか？	ケイタが、リョウに遊びへ入れてもらえずしょげていることがあったり、ケイタのベイブレードをリョウが独り占めして返してくれなかったりという場面が続いていた。 さらに、そんなリョウにケイタが対等な関係で言いたいことを言えていないのではないかと気になり始めた。
【実践目標】 ③あなたはその子ども（たち）にどうなってほしかったのか？	ケイタがリョウへ言いたいことを言えるようになり、対等な関係を築いてほしい。 そのためにも、一緒に遊ぶ中で思いをぶつけ合えるような場面を通じて、まずはぶつかり合いから始めてもらいたい。
【実践内容】 ④実際に、③のためにどのように働きかけたのか？	ケイタが始めた野球へリョウも入れるように誘い、ケイタがリョウに野球を教えるようなきっかけをつくった。そこで、これまでの対等ではなかった関係の修正を図った。 野球の中で二人が言い合いになることが起きたため、この言い合いを対等な関係をつくるチャンスと判断して意識的に見守った。 その上で、お互いの思いを言葉で伝えられるように支援した。
【成果・課題】 ⑤④のように働きかけてみてどうだったのか？	ケイタがリョウへ言いたいことを言えるようになっただけでなく、お互いが関心を持ち合うことができ、野球などの遊びへ誘い合ったり、クラブの行事（コマ回し大会）でも気にし合ったりなどの関係をつくることができた。

　このように、実践者のリアルタイムにおける思考・判断や子どもの細部にわたる表情や言動などは記録されていないが、継続的な実践の流れを手軽に記録することができるのが利点である。手軽さは、日常的な持続可能性を生み出すことができる。もちろん、この表は先ほどの土田さんのような継続的な実践記録を作成する前段階として実践全体を整理するためにも活用できる。いずれにしても、実際に注ぐことのできる時間と労力、そして個々の実践者の能力に応じて、より持続可能性の高い実践記録を選択し、日常的な取り組みとして続けていってもらいたい。

＜註釈ⅳ＞

　住野好久・中山芳一『学童保育実践力を高める―記録の書き方・生かし方、実践検討会のすすめ方』
（2009年、学童保育指導員専門性研究会編、かもがわ出版）は、本書の第２章と第３章の基盤となる著
書である。当時、実践記録及び実践検討会を「まな板の上の鯉」にするのではなく、参加者が共に学び
合える場にしていくための考え方と方法を提起したものである。現在は絶版となっているため、本書の
第２章と第３章では、筆者が執筆を担当した同書の第２章・第３章・第５章のリライトを行った。

第3章

学童保育実践の検討

① 実践を検討するとは

実践検討がスタンダードになる時代

　前章冒頭に紹介した通り、運営指針で記録と同様に必要性を明記されているのが「事例検討」である（本書では以前から使用してきた「実践検討」と表記）。運営指針にもあるように、実践検討は実践の充実、改善に大変有効な方法といえる。特に、集団的な実践検討では、各実践者のリアルな実践がまさに生きた教材となり、豊かな学び合いの場をつくり出すことができる。ただし、せっかくの生きた教材も検討の方法をまちがえてしまうと、実践の充実、改善の効果は大幅に低下してしまうので注意が必要となる。特に、新人の実践を集団で検討する際にベテランが「上から目線」で一方的にコメントするといった「まな板の上の鯉」的な実践検討は、もはや時代錯誤といってもよいだろう。新しい時代に求められる効果的な実践検討が各地で行われなければならない。そこで、本章では、実践者が職場内及び職場外で集団的に実践検討を行う際の効果的な方法について提起しておきたい。なお、実践検討には、職場内ミーティングのように口頭で実践事例を報告し、口々に検討し合うという方法もあるが、本章では実践記録に基づいた集団的な実践検討を効果的な方法の到達点にしている。

　ちなみに、「広辞苑」によると「検討」とは、「調べたずねること。詳しく調べ当否を考えること」とある。つまり、実践検討とは、実践者が実践したことについてまずは丁寧に分けて明らかにし（分析）、この実践が対象者にとってどうだったのかを考えること（考察）と言い換えられる。

一人ひとりが反省的実践家であれ

　学童保育に限らず対人援助専門職の領域では、対象者への働きかけをマニュアル化することは困難である。対象者一人ひとりが異なった性格・人格を持っており、さらにはその時々の状況・文脈も異なるからである。そのため、「このようなときには、こうすればよい」といったマニュアル化できるような「正解」を、多くの場合持つことができない。しかし、正解がない（もしくは、正解が多様にある）から「何でもあり」なのではなく、常に「これでよかったのだろうか？」と新しい気づきを求めて省察（reflection）を繰り返していくことが宿命づけられている。それが学童保育実践者をはじめとした対人援助専門職者である。

　このような実践者たちをドナルド・A・ショーンは「反省的実践家」と呼んだ＜註釈ⅴ＞。

そして、省察を繰り返していけば、マニュアル化はできないものの新たな実践場面においてさまざまな類推が可能となり、実践者としての経験を豊かに蓄積していくことにつながる。なお、この省察には【図３－01】のように大きく二つに分けることができる。一定の実践を終えた後に省察する「行為の後の省察」と、実践の最中に省察する「行為の中の省察」である＜註釈ⅵ＞。

【図３－01：行為の後の省察から行為の中の省察へ】

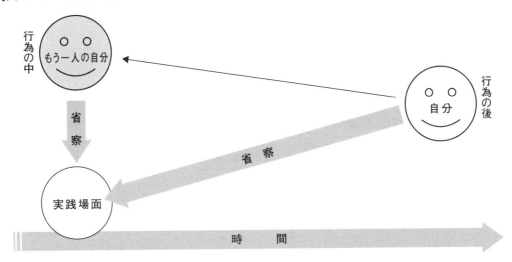

　行為の中の省察は、非常に難易度が高い。なぜなら、実践中に実践者自身がもう一人の自分をつくり出し、自分と対象者を含めた実践場面を俯瞰的かつ客観的に見られるようになることが求められるからである。これは「メタ認知」とも呼ばれている。ちなみに、行為の中の省察ができるようになるためには、行為の後の省察を継続していくことが必要不可欠である。

　それでは、どうすればこの行為の後の省察ができるようになるのだろうか。行為の後の省察は、ＰＤＳＡサイクルのSTUDYとACTに位置づけられるわけだが、最もシンプルなのは、実践を終えた後に頭のなかでそのときの場面を思い浮かべてふり返ることである。そして、このふり返りをさらに記録へ残していけば、なおさらに鮮明な省察ができるようになる。というのも、記録化は実践場面を抽出するために、あえて文字に書き起こす作業を経るため、頭のなかであれこれ思い浮かべる以上に、そのときの状況や実践者の思考・判断がブラッシュアップされていくからである。したがって、実践記録を書いている時点で、すでに実践の省察が始まっていることになる。実践記録を継続的に蓄積すれば、行為の中の省察にもつながり、行為の中の省察ができるようになれば、実践の最中に軌道修正や多面的な対象者理解などが可能となり、必然的に実践の質を高められるようになるだろう。

　そして、実践記録を記録した段階で留めるのではなく、さらに省察をすることで実践検

討へと歩みを進めていく。この実践検討は、実践者が単独で行うこともできる。記録を読み返しながら、本当にこれでよかったのだろうか、このときあの子は本当にこういう思いだったのだろうかなどと確かめていけば、そこに新しい気づきを生み出していけるだろう。このとき、実践中の実践者と検討中（実践後）の実践者の間に「距離」が生まれるからこそ、実践中とは別な観点や角度で自らの実践を省察することができる。多面的・多角的な実践の読み開きが、実践の検討につながるわけである。

実践を検討するためのレンズを使う

　この多面的・多角的な読み開きをするためには、実践記録を見るための「レンズ」を使い分けられるようになる必要がある。住野好久は、前掲書『学童保育実践力を高める―記録の書き方・生かし方、実践検討会のすすめ方』（2009年、学童保育指導員専門性研究会編、かもがわ出版）の中で、実践記録を検討する際には、「他人の目を持つ」ことが重要であり、他人の見え方をする「レンズ」を持てるように意識するのが有効であり、このレンズを通して客観的に自分の実践を振り返ることで、自分自身に潜んでいる思い込みにとらわれない検討を可能にできると述べている。さらに、住野は４種類のレンズがあることを提起した。各レンズについて、下の【表３－01】に整理したので参照してもらいたい。

【表３－01：実践を検討するための４種類のレンズ】

	レンズ	説　　　明
1	子ども（たち）の目	子ども（たち）の立場に立って自分自身の実践を見ることで、実践者の子ども把握の不十分さや「権力性」（子どもは実践者の言うことを聞いて当然といった子ども観など）を省察することができる。
2	同僚の目	「同僚だったらこんなときどうするだろうか」「ここはこう分析するんだろうな」と、同僚の実践や分析・考察を思い浮かべながら自分自身の実践を見る。この過程で、同僚の優れた実践や分析・考察の技を、自分自身に取り込んでいくことができる。
3	研究者の目	理論的な文献や研修などで、全国の優れた実践から導かれた「理論」は、自分の実践を冷静に分析・考察する際の武器になる。これまで経験的に曖昧な意味で使ってきた「自主性」「共同」「共感」といった概念も、理論的に磨き上げることで他者とも共有でき、集団的な実践検討も可能になる。
4	自分自身のもう一つの目	これまでの自分の経験を基礎に、実践している自分とは異なるもう一人の自分の目を持つことで、絶えず自分自身を客観的に考察することができるようになる。 →行為の中の省察（メタ認知）へつながるレンズ

　上表のような４種類のレンズを使い分けながら、三分割実践記録のような一場面の実践記録や短期的または中期的に継続した実践記録を自分自身で検討（分析・考察）してみることをお薦めしたい。それが、省察の質を高めることとなり、ひいては実践そのものの質を高めることになる。

集団的な検討でより多面的・多角的に

　さて、検討が省察の質を高めるのであれば、個人の中だけで自己完結した検討をするよりも、集団的・複眼的に検討をしたほうが、さらに多面的・多角的な検討ができるだろう。職場の内外を問わず、さまざまな学童保育観や子ども観、そしてキャリアを持った仲間たちと一つの実践事例を共有して検討する、すなわち実践検討会のことである。この実践検討会こそ、学童保育の新しい時代に新しい取り組みとして誕生したのではなく、意欲ある先人たちが取り組み続けてきたものである。しかし、これまではまだ一部の取り組みとして終始していたが、運営指針にあるように今後はスタンダードなものへ移行していくことが期待できる。

　そこで、拙著『学童保育実践入門―かかわりとふり返りを深める』（2012年、かもがわ出版）でも整理した実践検討会の種類について、ここで改めて紹介しておきたい。

【表3−02：目的ごとの実践検討会のタイプ】

タイプ	目　　的	活用する記録	実施する場
カンファレンスタイプ	子どもに焦点を当て、その子の抱える課題を共有。課題に関する原因や背景を分析し、今後の方針を探る。	個人記録や人間関係マップ等	職場内中心
ケーススタディタイプ	切り取った実践の一場面から、どうすればよかったか、これからどうするかなどについて検討し、手立てを考える。	三分割実践記録等	職場内中心
教訓共有タイプ	実践の成果と課題を明らかにし、そこから読み取れる大切にしたいこと（教訓）を導き出し、共有する。	1〜3か月間程度の継続的な実践記録	職場外（地域等）中心

　このように、集団的な実践事例の検討をタイプ別に分けたとき、子どもへ焦点を当てて発達課題や今後の方針を検討したり（カンファレンス）、実践の一場面を踏まえて働きかけのあり方を検討したり（ケーススタディ）といったタイプについては、職場内で日常的または定期的に行われることが望ましい。職場内で対象者が共有されているからこそ、カンファレンスタイプはよりいっそう深めることができるだろう。また、職場内で同じ保育目標や実践の方針を共有しているからこそ、ケーススタディタイプで目標や方針から外れた働きかけになっていないかどうかを確かめ、改善を図ることができるだろう。いずれも、職場内で集団的に検討することで、個々の実践力を高めるだけでなく、チームとしての実践力を高められる。

　一方、教訓共有タイプは、職場内にとどまらず職場外の実践者たちとも一つの継続的な実践を共有して、その実践を多様な考え方や見方から検討を深め、教訓を導き出せるものである。この教訓とは、この実践者だからできたこと、特定の学童保育所だからできたことではなく、どこの学童保育所でも適用できるように抽象度を高めた考え方や方法論のこ

とをいう。なお、この抽象度を高めるというのは、見えやすくわかりやすい具体的なことではないため、非常に難しい。

　例えば、荒れた言動の目立つ子どもが、学童保育所のなかで実践者にコマ遊びへ誘われ、そこでその子がコマの楽しさに目覚め、めきめき上達して周囲からも認められ、さらには下級生にコマを教えてあげられるようになるまで成長したとしよう。このとき、まちがっても「コマ遊びをすれば、子どもは荒れなくなる。だからうちのクラブでもコマ遊びを始めよう！」となってはならない。この実践においてコマ遊びは、あくまで具体的な働きかけとしての媒体に過ぎなかったからである。大切なのは、「なぜこの子にとってはコマだったのか？」などの問いを立てて検討することである。すると、実践者は、この子がその気になれる遊びをどうやって見極めたのかが見えてくる。そこで見えてきたことは、きっと我がクラブの別な子どもの別なケースにも活用できる教訓となるだろう。

　こうした教訓を導き出し共有するためには、三つの重要な条件がある。

　一つ目は、実践検討会の参加者たちが日常的に職場内ミーティング等でカンファレンスやケーススタディなどを経験していることである。そうでなければ、継続的な実践記録を深めて抽象度の高い教訓を導き出すことは至難の業といえるだろう。

　二つ目は、検討する題材（教材）となる実践記録の質である。何をやろうとしているかがわからない（実践目標が不明瞭）、子どもの事実ばかりで実践（特に実践者の思考・判断や言動）が記録されていないと深めていくことはできない。

　三つ目は、検討会の進行である。そもそも何を検討する会なのかがわからなかったり、検討したいテーマからそれていったり、特定の誰かだけが話し続けていたりとなってしまえば、多様な実践者仲間が集団的に学び合える場にはなり得ない。

　以上のことをふまえて、ここからは教訓共有タイプの実践検討会をどのようにつくり出していけばよいかを説明していくこととする。

② 　実践検討会はどのように進めればよいのか

参加者がレンズを使い分ける

　実践検討を行う際、実践者が複数の「レンズ」を使いこなし、それらを通して客観的、総合的に自らの実践をふり返ることの重要性は上述した通りである。レンズを通して、「子ども（たち）の目」になることができ、「同僚の目」にも、「研究者の目」にも、「自分自身のもう一つの目」にもなって実践をふり返るのである。

　では、実践検討会で複数の参加者（実践者）が集まったとき、それぞれの参加者が持ち

合わせている複数のレンズはどのように実践検討会で生かされていくのだろうか。また、それぞれのキャリアをはじめとして、実践力の違いがさまざまである参加者のなかには、よりたくさんのレンズを持ち合わせている人もいれば、あまりレンズを持ち合わせていない人もいるだろう。それでも集団的に学び合える実践検討会にするためにはどうしたらよいのだろうか。それは、レンズの多少や優劣を問題とするのではなく、一人ひとりが持っているレンズの多様性を生かした実践検討会にすることである。一人のレンズを通すだけでは見えない事実を多様なレンズを通して分析し合い、議論し合う中で、実践をより豊かに分析・考察し合える実践検討会にしていく。そして、こうした実践検討会を通じて、それぞれの持っているレンズを磨き合い、より透明度や倍率が高く、視野の広いレンズにしていくことが求められるのである。

【図3-02：参加者がそれぞれのレンズで実践記録を見る】

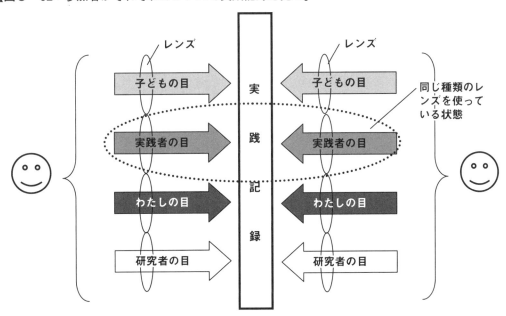

　実践検討会では、まず参加者はそれぞれ自分のレンズを通して報告された実践記録を見ていく。例えば、「荒れた言動が目立っていた子が、次第に落ち着き、他者を受け入れて荒れた言動をしなくなってきた事例」があったとする。その際に、「きっとこの子はしんどい思いをしていただろうなぁ……」「この子は発達障がいなのではないか？」「この子の親子関係に何らかの原因があったのではないか？」「この実践は、まさにこの子の思いを受けとめていたのではないか！」「この子はクラブでのあそびを通して変化していけた！」など……。参加者は、自分自身が持ち合わせているさまざまなレンズを通して、さまざまな問題関心を持ち、自分なりの分析をし、考察や評価をしようとするだろう。しかし、最後まで各人がそれぞれのレンズを通してバラバラに実践を見ていたのでは、結局のところ焦点がはっきりしないまま、それぞれが言いたいことを言うだけで終わってしまうことに

なる。そこで、分析・考察を深める局面では、「同じ種類のレンズ」を使うことが必要になってくる。

　例えば、実践記録に登場してくる子どもたちの内面や関係を分析する場面では、みんなで「子どもの目」になれるレンズを通して実践を見ていく。「君のために泥団子をつくってる」と実践者に言われて喜んでいるときの子どもの気持ちや、「待って」という実践者の声も聞かずに泥団子を持って行ってしまった時の気持ちを考えるためには、そう言われた子どもの立場に立ち、その子の視点からこの状況を理解しようとすることが不可欠である。また、その子に働きかけた実践者の思考・判断や感情を分析するためには「実践者の目」になれるレンズが必要となる。

　このように、分析段階において「今はこのレンズで」と実践記録を見る観点を明確にすることが大切である。参加者の半数が「子どもの目」になろうとしているときに、もう半数が「実践者の目」になってしまっていたら、分析する観点もずれてしまい、たちまち収拾のつかない実践検討会に陥ってしまう。そこで、実践検討会では「司会・進行役・コーディネーター」といわれる人の存在も重要となってくる。

　また、実践検討会において客観的で深まりのある分析・考察を行うためには「研究者の目」になれるレンズが重要である。それは、「自己肯定感」「主体性」「共感」といった概念を使い、事実を論理的に分析し、分析したものを組み立てて実践を構造的に見るためのレンズのことをいう。共通の言葉を使って分析・考察することで、参加者たちの思考を束ねることができるだろう。ただ「研究者の目」を獲得し、磨いていくためには、理論的な学習が必要であり、それを実践記録の分析・考察に活用する経験を積み重ねていく必要もある。例えば、子ども把握を深める際に「自己肯定感」という概念がよく使われる。「自己肯定感」という概念を使って、研究者の目を通して子どもを見ることで、彼の内面を読み開くことが可能になる。しかし、この概念についての理解は参加者によって多様である。ある人は「『自己肯定感』とは、『自信』である。つまり、できなかったことができるようにならなければ『自己肯定感』は育まれない！」という人がいるだろう。また、ある人は「自己肯定感とは、できる、できないにかかわらず『ありのままの自分』である。つまり、まわりの人が受容的にその子を認めていくなかで『自己肯定感』は育まれていく！」という人もいるだろう。参加者たちが「研究者の目」になるというレンズの種類は同じでも、それを使った見え方は多様なのである。したがって、実践検討会の中でこのレンズを磨き合うことで、共通のレンズへと仕上げていくことが求められてくる。

実践検討会までにやっておくこと〈1〉テーマ設定

　「実践検討会」は参加者たちの協同の取り組みであることが求められるため、なによりもまずは目的が共有されていなければならない。つまり、この実践検討会では何をするこ

とが目的なのかという検討のテーマが共有されていることを意味する。

「今度の学習会（実践検討会）は、○○さんに書いてもらおう！」とか、「若い人の実践記録がいいね！」などという理由で実践記録を特定の人に書いてもらうことも少なからずある。しかしそれでは、この学習会（実践検討会）でやろうとしている実践検討のテーマははっきりしてこない。「○○さんに記録を書いてもらって、そこから何を学ぼうとしているのか」「若い人の実践記録だからこそ何を学ぼうとするのか」をはっきりさせることが大切となってくる。機械的に報告者を割り振りしたり、安易に依頼できそうな人を指名したりしてはいけないのである。

ちなみに実践検討会の検討テーマは、会の運営側が中心となって設定する場合もあれば、逆に参加者が中心となった「テーマ設定」となる場合もある。また、テーマに基づいて記録が書かれる（実践目標が明確に設定されている）場合もあれば、先に書かれた記録があり、後から検討テーマを共有する場合もあるだろう。ここで、いくつかのパターンを見ておきたい。

●実践記録⇔テーマ設定の代表的な例

【1】実践検討会の運営側で設定する

①最近、障がいを持った子と一緒にやっていく集団づくりについて、よく話題に上がってくる。

②実際に、この集団づくりを一生懸命やっている○○さんの実践を知りたい！

　そこでテーマは、「障がいを持った子と一緒にやっていく集団づくりで大切にしたいことは？」にしよう！

③○○さんに、このテーマを説明して、このテーマと重なっている実践記録を今まで書いているかどうか確かめてみる（もしなければ、書いてもらう）。

【2】これまでの実践検討会の内容をフィードバックする

①この前、研修会で「一人ひとりの子どもの思いを受けとめることの大切さ」を学んだ。

②では、実際に私たちの「子どもの思いを受けとめる」実践とはどのようなものだろうか？

　そこでテーマは、「一人ひとりの子どもの思いを受けとめる実践とは何か？」にしよう！

③そういえば、あのとき△△さんが「私、あのときAくんのこと受けとめられなかった…」って言っていたな。じゃあ、△△さんに書いてもらおう。

【3】参加者から検討テーマの提案がある

①学習会の最後に、司会から「いま、何か実践で困っていることなどありますか？」と聞かれた。

②そこで□□さんが手を挙げた。「僕は、B子ちゃんにかかわろうとしても、全然B子ちゃんが言うこと聞いてくれないんですよ…」と□□さん。

③「じゃあ、次のテーマは□□さんのかかわりと、B子ちゃんのことについて実践検討をしましょう！」

④□□さんには、次回の学習会で「B子ちゃんがこれまで言うことを聞いてくれなかった場面」の記録と、これまでのB子ちゃんの様子がわかる記録を書いてきてもらう。

【4】先輩たちに実践を検討してもらいたい

①「遊びを盛り上げたいのに、全然盛り上がらない…」と一人悩む新人指導員。

②「そうだ！私の実践の問題点と改善点をクラブの先輩指導員に相談してみよう！」と思い立ち、これまでの自分の「遊び実践」を実践記録にまとめてみた。

③クラブのミーティングのときに、その実践記録が配られる。「遊びを盛り上げるためにはどうしたらいいですか？」という問いとともに…。

　このように、実践検討会といっても、いろいろな経緯で実行されることになる。【1】や【2】は、年間の学習会スケジュールを立てるような組織だった実践者集団の実践検討会で望ましい例といえる。あらかじめテーマが設定され、その検討テーマにふさわしい実践記録が選ばれるスタイルであり、「テーマ先行型」の実践検討会と位置づけられる。一方、【3】や【4】は、実践者が課題に感じている実践を記録し、検討するという場合である。この場合、「どうしたらよいのだろうか？」「これで本当によかったのだろうか？」という実践者の問いかけがそのまま検討テーマへとつながっていく。ここでは、あらかじめ設定された検討テーマに従って実践記録が書かれるのではなく、実践記録から検討テーマが生まれてくるというものになる。つまり、「実践記録先行型」の実践検討会と位置づけられる。

　いずれの場合であっても、「実践検討のテーマ」と「実践記録のテーマ」が一致していなければならない。そして、特に「テーマ先行型」の場合は、前もって実践記録に目を通すことが可能になりやすいため、運営側や報告者、進行役を含めた事前の打ち合わせが重要になってくる。また、「実践記録先行型」については、実践報告者が何をテーマとして記録してきたのか、その検討テーマ（＝記録のテーマ）を読み取る力が重要になってくる。したがって、進行役や参加者のテーマ設定力と、実践報告者のテーマ（明確な実践目標）に即した実践記録力（ドキュメンテーション力）との両方の力が相まってこそ、充実した実践検討会は始まるのである。

実践検討会までにやっておくこと〈2〉進行の柱立て

　テーマ設定と実践記録をふまえて、実践検討会をどのようにすすめていけばよいのかを

考えるのが「進行の柱立て」である。「柱立て」には、「方法としての柱立て」と「内容としての柱立て」の大きく二つがある。

①方法としての柱立て

20人ぐらいの参加者で実践検討会をする場合、途中で五人ずつぐらいの小グループを作って議論することがある。小グループ化は、一人ひとりが当事者意識を高めて自分の意見を持って述べられるようにするために効果的な方法である。また、この小グループ編成の際には、個々のキャリアをバラつかせたり、所属しているクラブをバラつかせたりといった工夫もできる。さらに、一つひとつの小グループでリーダーとなれる人を配置しておくことで、小グループごとの議論はますます活性化することになる。そして、この小グループと全体との往復をどのようにつくり出すかもポイントとなってくる。たとえば、「グループでの議論を踏まえて全体へ→全体での議論からもう一度グループへ」といった柱立てもできるだろう。

このようなグループ編成、グループでの検討や発表の進め方、全体での検討の進め方、実践発表の方法、まとめる方法などについて進行計画を立てておきたい。

②内容としての柱立て

内容としての柱立てとは、「あの子の分析をする」「実践者の働きかけの分析をする」など、議論する内容に関する進行計画である。ここでは、何よりも集団的な議論が拡散されることなく、検討の目的・テーマを全体で共有することや分析・考察の際に使う「レンズ」を共有化させていくことが考えられなければならない。また、「継続的な実践記録」を検討する際には、実践者が思考・判断をとりわけ働かせていたり、対象者にとって重要なきっかけになったりという「中心となる場面での実践」を検討するための焦点化も必要となってくる。「レンズ」については、最初はそれぞれの「レンズ」で見て概観し、次第に「子どもの目」、次に「実践者の目」、そして「わたしの目」、最後はこれらを踏まえて「研究者の目」というように、「レンズ」を順序立てて使うように進行することも求められる。

実践検討会を進める上で大切なこと〈1〉それぞれの役割

実践検討会に参加する人たちには、大きく分けて三つの役割を担っている人たちがいる。まずは、実際に実践を記録し報告する「①実践者（実践報告者）」である。次に、実践検討会を進行する「②進行役」である。この役割は「司会」「コーディネーター」とも呼ばれている。そして、実践報告を受けて、テーマに沿って実践を分析・考察し、評価へとつなげていく「③参加者」である。参加者といえば、厳密には実践者も進行役も含まれるが、ここでは実践者と進行役を除いた参加者として限定した。それぞれの役割については、以下に述べておく。

第3章　学童保育実践の検討　65

前項【1】のケースをもとに考えた二つの「柱立て」

テーマ	障がいを持った子と一緒にやっていく集団づくりで大切にしたいことは？		
時　間	午前9時00分～午前11時30分	参加者数	20名
実践報告の概要	この実践は、ADHDと診断された2年生のC郎が、これまでやろうとしなかったクラブでのそうじタイムに入っていけるように指導員がかかわっていく。そのかかわりの中で、これまでC郎がそうじをやることに期待していなかったまわりの仲間たちも、C郎への見方を変え始める。まわりの仲間たちからの「C郎、いっしょにやろう！」の声の後押しと、いったんやり始めると集中してやろうとするC郎の力とで、ついにC郎はそうじに入り始めていく。		

時　　間	方法としての柱立て	内容としての柱立て
9：00	テーマの共有（全体）	
9：10	実践者に実践報告をしてもらう（全体）	参加者には、テーマを念頭において実践報告を聴いてもらう。
9：40	実践報告に関する質問と回答（全体）	質問内容は、今回のテーマに関係することに限定する。
9：50	グループ（5人ずつ）での分析・考察	C郎をそうじタイムに入っていけるように指導員がかかわった場面に焦点を絞る。その場面について、以下の点を分析・考察する。 <C郎とまわりの仲間たちの分析・考察> ⇒「子どもの目」になれるレンズで！ ・C郎がみんなと一緒にそうじをし始めたのはなぜだろうか？ ・C郎がそうじをし始めてから、C郎はまわりの仲間をどのようにとらえ始めたのだろうか？ ・C郎がそうじをし始めてから、まわりの仲間たちはC郎のことをどのようにとらえ始めたのだろうか？ <指導員のかかわりに関する分析・考察> ⇒「実践者の目」になれるレンズで！ ・指導員は、どうしてC郎をそこまでしてそうじへ参加させていきたいと思ったのだろうか？ ・指導員がどのようなかかわりをするなかで、C郎はそうじへ参加しようと思えるようになったのだろうか？ ・C郎がそうじを始めてからも、C郎と仲間たちとの関係をつなげていこうとしたのは、指導員のどのような思いからだろうか？ ⇒「わたしの目」になれるレンズで！ ・自分（参加者）だったらどうしていただろうか？
10：50	グループでの議論を出し合って、この実践からの教訓を全体で考える 時間があれば、全体の議論を踏まえて、もう一度グループごとで意見を出し合う	<テーマと重ねながら教訓を導き出す> ⇒「研究者の目」になれるレンズで！ ＊障がいを持った子が集団の中で育っていくために、指導員が大切にしたいことは、どのようなことがあるだろうか？ ・そもそも『障がいを持った子への理解』とは？ ・そもそも『集団づくり』とは？
11：00 11：30	実践検討会のまとめ ・実践報告者から ・進行役から閉会	

①実践者（実践報告者）

　自分自身が書きたいテーマ、あるいはその検討会が求めるテーマに沿って実践記録を作成し、検討会では報告を行う。検討会では、決められた時間で実践記録を報告しなければならないので、その時間に報告できる分量で記録をまとめること、あるいはすでに書かれている記録をその時間内に報告できるように補足・抜粋することが求められる。

②進行役

　テーマ設定や「進行の柱立て」について最も考えていかなければならない役割である。この実践検討会がどのように進められていくのか、設定したテーマから外れることなく、議論も活発に行き交い、実践記録を通してみんなが学び合えるかどうか、進行役の腕にかかっているともいえるだろう。しかし、けっして一人でやる必要はない。事前に結成された「運営チーム」などで集団的に柱立てを考えていけば、きっといろいろな案も出ながら、充実した検討会のすすめ方を模索できるはずである。また、検討会の最中については、たとえばテーマから外れてしまった意見などが出たときに、「いま、それはテーマと外れている」ということを押さえて、軌道修正を行うという重要な役割もある。

③参加者

　実践検討会の参加者に求められることは、設定されたテーマから外れないように分析・考察を行うことである。実践記録を検討している真っ最中に、「今、うちでこんな子に困っていて……」などと発言したなら、たちまち検討会にはならなくなってしまう。また、「あなたの保育はまちがってるっ！」などと自分の価値観を押し付けたり、報告者を責め立てたりすることも検討とは言わない。これらは、報告者が実践報告を行った後の「質問」のときも同様となる。いろいろと聞きたいことがあったとしても、実践検討会での「質問」は、検討テーマにそくした質問をするよう心がける必要がある。

　また、参加者の中に、進行役と同じように会の目的や検討テーマ、「進行の柱立て」をよく理解している人がいると、実践検討会はスムーズかつ充実したものとなるだろう。こうした人はグループに分かれたときのグループリーダー役を担える存在となる。進行役は、こうしたグループリーダー役になるような人と事前に打ち合わせを行い、共通認識を持っておくようにすることもお薦めしておきたい。

実践検討会を進める上で大切なこと〈2〉進行役の思考・判断

　実践検討会の成否を握る重要な要因に、集団的な分析・考察を進める進行役の役割がある。進行役は、まさに子どもとのかかわりと同様に、実践検討会における多様な参加者の多様な意見や思い・願いについて瞬時に「思考・判断」し、検討を深めるために適切な言動をしなければならない。そこで、ここでは進行役がどのように「思考・判断」をしていけばよいのか、実際の実践検討会をもとに考えていきたい。

下の実践報告は、「わたしものれるようになりたいんよ！」というタイトルである。

【実践報告】わたしものれるようになりたいんよ！

　10月に入った頃、D子（1年生）は、一輪車に挑戦し始めていた。しかし、こういうことが苦手でもあるD子は、サドルに腰かけられたと思えば失敗の連続。3日経った今でもほとんど上達は見られなかった。「なんでそこまでやろうとしてるんだろうか？」私（指導員）は不思議な思いで彼女を見守っていた。

　とはいうものの、1週間が過ぎ、少しだけ一輪車に乗って進めるようになった日、D子は思い切り前のめりに転んでしまう。ちょうどタイミングよく見ていた私は、D子のもとへ駆けつけた。そして、いよいよ一輪車の練習にストップをかけようと思い、「D子、よくがんばってるけどさ、まだちょっとD子には難しいと思うよ。遊びならほかにもあるんだし、もう少し安全な遊びをした方がいいよ！ねっ、だからもう一輪車はやめよう！」と声をかけた。私にとってみれば、D子のがんばりは認めながらも、不器用な彼女を危険な挑戦から守りたいという思いの決断だった。

　ところが、私の言葉を耳にしたD子は、そこにしゃがみ込んだまま泣き始める。そして、「イヤ！ぜったいイヤ！やめんもんっ!!」と叫ぶのだった。「D子、どうしてそんなに練習を続けたいん？」と私。D子は、「だってな……、E奈みたいにわたしものれるようになりたいんよ……」と教えてくれた。E奈は、D子がクラブに来た4月から、よくD子のことをお世話してくれていた3年生の女の子である。D子にとっては憧れのお姉ちゃん的存在だった。最近は学校からの帰りも遅くなり、室内でトランプをしている彼女だが、確かに一輪車をとても上手に乗りこなしていた。

　私は、D子の泣きながらの訴えに、ようやくD子がこんなにもがんばり続けている理由がわかった。そして、そんなD子の思いを大切にしたい！D子が一輪車に乗れるまで応援したい！と思い始めた。「D子、わかった！このままがんばって乗れるようになろうな！」と私が声をかけると、D子は立ち上がって再び一輪車に乗り始めた。その日は、さっきのような危ない転び方を防ぐため、私も付き添うことにした。

　翌日、私はこのことをE奈にも伝えることにした。こんなにもE奈を慕っているD子の気持ちを、E奈にも知ってもらいたいという純粋な思いからだった。するとE奈は、「だったら私がおしえてあげるよっ！」と言うなり、すぐに外へ飛び出し、一輪車片手にD子のもとへ駆けつけたのだった。それから1週間くらい経った頃、E奈がつきっきりで教えてくれ、D子は運動場の端から端までをほとんど転ぶことなく行けるようになった。彼女たちが、一緒に『一輪車サイクリング』を楽しめる日も、もう間近に迫っている。

この実践検討会のテーマは「子どもに共感するとはどういうことか？」である。特に、

このなかの「　波線部　」の場面に注目し、「Ｄ子はなぜしゃがみ込んで泣いてしまったのか？」「このＤ子の訴えをどうして実践者は共感的に理解しようとできたのだろうか？」という検討の柱を事前に立てて、実践検討会が行われた。

　以下は、そのときの特徴的なやりとりを抜粋したものであり、（　　　）内には進行役の「思考・判断」を記載している。

進行役：それでは皆さん、Ｄ子はどうしてここまでしゃがみ込んで泣いてしまったのでしょうか？
　　　　⇒「子どもの目」になって分析するための発問

参加者：Ｅ奈への憧れが強くて、Ｄ子はどうしても一輪車に乗ってみたかったんだと思うな。だからこんなに練習していたんだよね。

参加者：Ｄ子は一人で一生懸命練習していったけど、どこかで一人ぼっち感があって、そのさみしさが放出してしまったようにも感じられるんだけど……。
　　　　　　　（中略）

進行役：では次に、Ｄ子がしゃがみ込んで泣いてしまったことで、指導員はどうしてＤ子の思いに共感しようとできたんでしょうか？
　　　　⇒「実践者の目」になって分析するための発問

参加者：私は、もっと前からＤ子の練習に指導員が付き添ってあげたらよかったと思うんだけど！指導員が気づくのが遅かったんじゃない？

進行役：（んっ⁉　いま大切なのは、Ｄ子の訴えを出発にして、その訴えを共感的に理解しようとした実践を検討することだ。Ｄ子が訴える前のことをどうこう言っても、今回のテーマは明らかにできないよ！）
　　　　いまは、Ｄ子が訴えなくてすんだかかわりのあり方を考えるよりも、まずはＤ子が訴えたときに指導員がどうだったかを考えていきましょう！
　　　　⇒テーマに沿って検討していけるように軌道修正

参加者：指導員がＤ子の意見を尊重して、無理やりに練習をやめさせずに、Ｄ子の本音に耳を傾けられたことがよかったんじゃないかな？

進行役：なるほど！　いわゆるＤ子の「意見表明権」とか「自己決定権」を尊重して、応答しようとしたことで共感的にかかわれていけたように思われますね。
　　　　⇒参加者の発言を受けて実践を意味づける

参加者：ねぇねぇ、うちのクラブでも一輪車が流行ってるんだけど、みんなのクラブでも一輪車はよくやってるの？

進行役：（いや！　いまはこの実践の検討だ。ここで各クラブの一輪車のことを交流したら、ここまでの検討の流れが止まってしまう。）
　　　　一輪車のことを交流するのは、この検討会が終わったあとにしませんか？　いま

は、なぜ指導員がＥ奈へＤ子の話を伝えようとしたのか考えてみましょう。

⇒テーマに沿って検討していけるように軌道修正

ちなみに、実践者さんは、このとき無理やりＤ子をやめさせることもできましたよね？どうしてしなかったんですか？　ここの「思考・判断」をもっと詳しく教えてください。

⇒実践者に「思考・判断」をさらに意識化してもらい、検討を深めていくための発問

実践者：私は、Ｄ子の話を聞いた瞬間、一輪車を通してＥ奈をとても強く意識しているんだろうなぁと思ったんです。なんか、Ｄ子の目には、一輪車だけじゃなくて、Ｅ奈の姿も映っているんだなぁって……。だったら、ただ危ないからやめさせて、別なあそびにというわけにはいかなくなってしまったんですよね。

参加者：そうだよね！　この前の研修会で、共感的理解には「視線の共有と思いの共有」が大切だといわれてたけど、まさに実践者はＤ子が一輪車の向こうに何を見ようとしていたのか、そのＤ子の視線と自分の視線とを重ね合わせ、Ｄ子の思いを共有しようとしたんだよね。

⇒参加者が、実践者の実践を意味づけようとしている

参加者：私もこの前、けん玉の技がうまく決まらなかった子が悔し涙を流しているときに、「そんなに泣かなくてもいいじゃない」って声をかけたら、「くやしいもんはくやしいんだっ！」ってその子に怒られちゃった。なぜその子が泣いているのかを、もっときちんと受けとめてあげられたらよかったなぁ、と反省しました。

進行役：（あっ！　これってまさに今回のテーマを参加者が自分の実践と重ね合わせて裏付けようとしてくれてるな！）

そうですよね。「共感」って、その先には子どもの気持ちをいかに理解しようとするかが求められてくるんですよね。「共感的理解」というか……。

⇒実践者と参加者の発言を意味づけているだけではなく、『共感』というキーワードについて考えていけるような「研究者の目」への誘いにもなっている

　このように進行役は、発問することなどを通して「どの種類のレンズを使うか」を示唆したり、参加者や実践者から意見を引き出していったりしている。また、ときにはテーマやそのときの話の流れを踏まえながら軌道修正をし、ときには出てきた意見をテーマと重ねながら意味づけることにも努めている。

　これらの役割は、もちろん進行役だけが担う必要はない。そのときそのとき気がついた参加者で軌道修正したり、意味づけたりしていけば、さらにいろいろな観点が加わり、まさに協同で作り上げる実践検討会になっていくだろう。

実践検討会を進める上で大切なこと〈3〉実践検討会の事例から

　さて、これまでの内容もふまえて、実際にどのような実践検討会が行われているのか、実践検討会の事例を紹介しておきたい。おおまかな進行を紹介するので、自分だったらその場面でどう分析・考察し、どう発言するか考えながら読んでみてもらいたい。

　初めの事例では、実践記録を書いた実践者自身が「これでよかったのだろうか」という課題意識を持っており、特に一つの場面を切り取った上で、事前に「検討してほしいこと」がまとめられていたため、その内容に沿いながら検討した事例である。→下の【実践検討会Ａ】を参照してもらいたい。

　二つ目の事例は、問題を抱えていた子と継続的にかかわってきた実践記録である。この実践では、その子が行事への取り組みを通して仲間との関係性が深まり、成長・変化が見えてきたことが記録されている。どうしてこの子に成長・変化が見えてきたのだろうか、実践者の働きかけはどうだったのだろうかを検討した。→下の【実践検討会Ｂ】を参照してもらいたい。

【実践検討会Ａ】

> **もっと他の対応のしかたがあったのでは？**
>
> ○**実践記録の概要**
>
> 　Ｆ平（３年生）とＧ太（４年生）が大ゲンカをしている。止めに入ると、Ｇ太の指に小さな切り傷があった。傷そのものは大したことなかったが、Ｆ平が向けたカッターに原因があったようだ。私（実践者）は、二人を落ち着かせて、言い分を聞こうと思った。
>
> 　Ｆ平は、わりばし鉄砲でＧ太と打ち合っている最中、Ｆ平が輪ゴムを取りに段ボールハウスに入っていった。この段ボールハウスは、Ｆ平たちが作ってきたものだ。そこにＧ太も追いかけて来て、段ボールハウスやＦ平のわりばし鉄砲を壊し始めた。Ｆ平はカッとなってＧ太に近くにあったカッターを向けた、と説明した。
>
> 　一方、Ｇ太は、段ボールハウスへ追いかけて行ったけど、段ボールは壊していない、輪ゴムを顔に向けて撃っただけ、と説明した。
>
> 　二人の言い分は食い違っていた。しかも、段ボールハウスの中ということもあり、ほかに見ている人は誰もいなかった。その後も、二人の言い分は一致しなかった。<u>私は、二人の言い分を追求して、白黒はっきりつけようとはせず、それぞれの言い分を出し合ってもらうことに専念した。</u>しかし、それが十分にはできなかったため、私のほうから、Ｆ平にはカッターを向けることの危険性を、Ｇ太にはＦ平をここまで怒ら

第３章　学童保育実践の検討　　71

せてしまったこと、そして二人にわりばし鉄砲で遊ぶときのルールを確認した。

　その日の保育後、Ｆ平の母から電話があった。「わが子が悪いのだけど、カッターをふり回したのはＧ太が先だ、と言っている」とＦ平の母。翌日、Ｇ太に確認するが、食い違ったままだ。しかし私は、やはりここでも、これ以上二人の言い分を追求することも、白黒つけて謝らせるようなこともしないままだった。

○**報告者からの問題提起（このままテーマとして設定）**
（１）二人の言い分がどうして食い違ってしまったのか？
（２）白黒つけず、謝らせない対応でよかったのだろうか？
⇒いずれも、《　直線部　》の場面が中心となっており、この実践検討会では、二つの問題提起を中心に議論することになった。

①**検討テーマ（１）をめぐる検討**

　まず、実践記録に書かれている事実を読み取ることから始める。Ｆ平とＧ太の間で大ゲンカが起こり、間に入った実践者が二人を落ち着かせた上で言い分を聞く。Ｆ平はＧ太が段ボールハウスもわりばし鉄砲も壊したと主張し、Ｇ太は自分は壊していないと主張している。この事実を明らかにした上で、進行役が発問をした。

> 二人の言い分がどうして食い違ってしまったのだろうか？

　この発問は、参加者が「子どもの目」を通して実践を分析することを求めている。２人がこのような食い違った主張をせざるをえなかった理由を、それぞれの子どもの立場になって考えてみる。すると、「どちらかが本音を言えないような関係があるのではないか」と、これまでの二人の関係性に目が向くようになる。

> ふだんからの二人の関係性はどうなのか？

　参加者からのこの問いかけに、報告者が答える。

「Ｆ平は一つ上のＧ太の言いなりになることが多い。Ｇ太は同級生たちのなかであまり受け入れられていない。そこで、どうしてもＦ平たち下級生に向かってしまう。そのなかでＦ平たちが我慢しているところもうかがえる」。

　報告者から二人の関係性についての情報が得られたところで、参加者は次のように読み開いていく。

・二人の言い分が食い違うのは、お互いが叱られたくないという思いもあると思うが、今回は特に、Ｆ平とＧ太との間にあるタテの関係性みたいなものがポイントになって

いると思う。

・F平は大切にしていたものを壊されて、これまで鬱積してきたG太への思いが爆発したのではないか。

・F平の母親からの電話ではG太もカッターを振り回したと言っているが、指導員の前でそんなことを言っていない。指導員との関係性はどうなっているのか。

②**検討テーマ（2）について**

実践者との関係性が話題になったところで、この場面での実践者の対応について議論を進めていく。

実践者はどうして「白黒つけて謝らせ」なかったのだろうか

進行役は、この発問によって参加者が「実践者の目」になっていけるよう方向づけている。実践者からは、「私は、白黒つけることよりも、何とか二人に自分の思いを出し合ってほしかった」という理由が説明された。すると、参加者からはさらに「どうして二人に自分の思いを出し合ってほしかったのだろうか？」という問いかけが出てきた。

その問いを受けて実践者は、「私もどうしてそう思っていたのか、今日まではっきりしていなかった。でも、さっきの話し合いから、私がどこかで二人の関係性が気になっていたことに気づけた。きっと、これまでも何となく気になっていた二人の関係性を、それぞれが思いを出し合うことで改善したかったのだと思う。ただ単に謝っておしまい、ではなくて……」と回答した。こうして、実践者の思考・判断を吟味し、実践記録に書かれていない事実を読み開き、明らかにしていく。こうして、実践者の実践過程を共感的に受け止められた。

どうして二人が自分の思いを出し合ったほうが関係性を改善できるのだろうか？

その上で、進行役はこのように問いかけ、「関係性」をキーワードとしながら、「研究者の目」を通して実践を検討できるように方向づけた。すると、参加者から以下のような意見が出された。

・G太の前では自分の思いが出せないF平。だからこそ、F平がこうしたトラブルのとき、G太に自分の思いを出せたことは関係が改善したと言うことではないか。

・しかし、本音が出せていないとしたら、まだ関係性は改善されていないのではないか。ただし、それに向けての第一歩ではあると思う。

・「関係性」とはコミュニケーションの中で築かれていくものだと思う。だから、指導員があれこれと間に入るのではなく、当事者同士が「本音で思いを出し合う」コミュニケーションできる環境をつくり出すことが大切。

・その意味では、ここで二人がもめたことは、関係性を改善するチャンスだ。ここで、指導員が一方的に裁いて「ごめんで終わり」みたいなかかわりをしなかったことはよかったと思う。

これらをふまえたうえで、実践者はどのようにかかわればよかったのだろうか？

実践者の意図を理解した上で、次に進行役は「わたしの目」を通して、「自分だったらどうするか」を考えられるように方向づける。

・私は、そのときの「再現」みたいなことをして、それをきっかけに「ちがうよ！」とか言い合っていけるようにかかわっていたと思う。

・私だったら、もし、こういう意図がはっきりしていたときには、もう少しＦ平とＧ太が話しやすい環境を作ってみたかもしれない。たとえば、まずは一人ずつから指導員がしっかりと話を聞いて、そのうえで三人で話し合えば、特にＦ平は安心して思いが出せたかもしれない。

・私もやっぱり一つ年下のＦ平にはしっかりとサポートしていくことで、Ｆ平の本当の思いをどうやって引き出していけるかがポイントになると思う。

以上が、おおまかな実践検討会の展開である。これらの議論を通して次のような学びを実践者、参加者につくり出すことができた。

①実践者は、自分自身の実践過程を吟味し、深めることができる。「二人の言い分が食い違う、このことをどうしようか？」という思いが強かった実践者が、「二人の言い分がどうして食い違ってしまったのだろうか？」という問いを考える中で、参加者のさまざまなとらえ方を踏まえて、「二人の関係性」に目を向けていく。しかし、実はこのとき実践者は初めて「二人の関係性」に目を向けたわけではない。「白黒つけない」「お互い謝らせておしまいにしたくなかった」という思いに示されているように、実践者自身何となくこのかかわりをしていた。この問いを考える中で、簡単に白黒つけて終わらせたくなかったのは、この「二人の関係性」を意識していたからであったことに改めて気がついていった。つまり、参加者からの意見によって、実践者は実践の中で「何となく思っていたこと」を「はっきりと気づかせて」もらえたのである。

②参加者は、多様な「レンズ」を通して実践を検討し、子どもたちの関係性に注目して実践することの大切さを学ぶことができた。「なんで二人の言い分が食い違うのだろうか？」「なぜ実践者は白黒つけようとしなかったのだろうか？」「白黒つけないことでＤ平とＥ太はどうなのだろうか？」——これらの問いを参加者たちは、ときにはＤ平、Ｅ太の視点（「子どもの目」）に立ち、ときには実践者の視点（「実践者の目」）に立ちながら考えられた。そして、「関係性」について「研究者の目」をもって考える中で、「トラ

ブルが起きたとき、単に謝らせることが重要なのではなく、お互いが思いを出し合い、納得し合うことが大切なんだ」「そして、こうしたコミュニケーションの積み重ねが子ども同士の関係を築いていくんだ」ということを学んでいけた。

【実践検討会Ｂ】

つながりのなかでのＨ子の主体性

○実践記録の概要

　引っ込み思案で、なかなか自分の思いを素直に出せないＨ子（３年生）。そんなＨ子が周りの仲間たちと関係を持とうとせず、閉じこもりがちになっているとき、私（実践者）は、直接Ｈ子に働きかけてきた。Ｈ子に手紙を書いてみたり、もちろんＨ子の保護者とも話をしたり……。

　それでも、これではいけないと思っている矢先、夏休みに突入する。夏休みの中盤からは、たくさんの学童クラブが集まる「ドッジボール大会」に向けての取り組みがあった。Ｈ子はドッジが得意なため、この取り組みを通して、Ｈ子が変わるきっかけになれば……と思っていた。

　たまたまだったが、学校で同じクラスのＩ奈とチームが一緒になった。Ｈ子とＩ奈は急速に近づいていく。Ｉ奈の前では、Ｈ子も安心して自分を出せているようだった。そんなＨ子がさらに勢いづいていければ、と思い上級生のＪ江にお願いして、Ｈ子のドッジボール特訓をやってもらうことにした。Ｊ江は快く引き受けてくれ、あれだけ特別扱いを嫌うＨ子も、喜んでＪ江の特訓を受けていた。

　また、取り組みの中で、Ｈ子とＩ奈にはドッジボールが怖くて尻ごみをしがちでいる下級生たちのフォローを依頼し、二人はそれを見事にやってのけてくれた。そんなＨ子とＩ奈を含めて、チームの中心となる学年でもある３年生たちだけで集まって、その都度どうやって練習をしていけばよいのか、みんなの気持ちを盛り上げていくためにはどうしたらよいか、などの話し合いも行っていった。

　そうこうしているうちに、ドッジボール大会前日。Ｈ子は自分から１・２年生たちを誘い、あそびの時間にドッジボールをしている。そして、いよいよドッジボール大会当日。行きのバスのなかでは、大きな声でＩ奈と一緒に歌をうたっているＨ子。また、大会では残念ながら優勝ができず、悔しい表情を浮かべているみんなの前で、自分から「ドッジがキライな人もいたのに、最後までできてすごいと思う！」と言ってあげられたＨ子だった。

○進行役からのテーマ設定

　この実践検討会では、実践記録のタイトルをふまえ、「つながり」のなかでＨ子の「主

第３章　学童保育実践の検討　　75

> 体性」をどのように確立していけたのか、なぜ「つながり」の中で「主体性」が確立
> していけるのかを検討テーマとする。

　まず、この実践記録に登場してくる子どもたちについて読み取っていく。このときに使う「レンズ」は「子どもの目」になることのできる「レンズ」となる。

　3年生のH子は「引っ込み思案で、なかなか自分の思いを素直に出せ」ず、「周りの仲間たちと関係を持とうとせず、閉じこもりがちになって」いた。なぜそうなってしまったのか、この実践記録から読み取ることはできない。ここを読み開いていくことはこの実践検討会のテーマではないため、あまり時間をかけて議論することはできない。ただ、実践者が継続的にかかわるなかでのH子の様子や言動の特徴などを補足し、もう少しH子のイメージを共有することが必要である。

　この実践記録では、I奈、J江との関係の中でH子が変化していったわけなので、この三者の関係性に着目することが重要になってくる。H子にとって重要な存在となっているI奈。同じチームとなって得意なドッジボールに取り組む中で、H子はI奈に「安心して自分を出せている」ようである。また、I奈は無理をしてH子にかかわっているのではなく、一緒に下級生たちと練習に取り組む中で、自然で対等な関係を築いていることがうかがえる。

　そして、H子にとってJ江は憧れの存在だったようで、J江からの誘いは、H子にとってきっとうれしいものだっただろう。それに、ドッジボールの特別練習はH子の「ドッジボールがうまくなりたい」「J江に教えてもらいたい」という要求と一致していたと考えられる。だからこそ「特別扱いを嫌う」H子でも、「喜んで」特別練習に取り組むことができた。

　この三人の関係を図示すると下図のようになる。

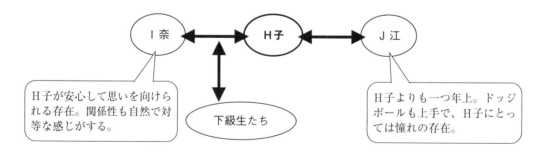

　つまり、H子はI奈に受け入れられるなかで「得意のドッジ」で自分を発揮したいという気持ちが高まり、J江に励まされて自信を高めている。そして、下級生たちのフォロー役になる中でも3年生集団として話し合いの中でも、自分の役割と出番を得て、自己効力感を高めている。

　このような子どもたちの「つながり」分析をふまえて、次にこの実践記録のキーワード

である「主体性」に目を向けていきたい。しかし、「主体性」とは何か、その概念が参加者に共有されていないと、共同の分析・考察はできない。そこで進行役は、次のように問いかける。

そもそも「主体性」とは何だろうか？

　この発問は、参加者に「研究者の目」で実践を見る「レンズ」を要請している。

　参加者は、それぞれの「主体性」についての考えを出し合う。例えば、「自分で考えられること」「自分の意思を持てること」などがまず出てくる。それに対して、「これらの基礎となるのは『ありのままの自分』でいられることではないだろうか」という意見が出される。しかし、「否定的な状況に置かれても『ありのままの自分』でよいととらえる一方で、その状況をより肯定的な状況に転換しようとする『なりたい自分』へ進もうとすることもまた『主体性』ではないだろうか」という考えが付け加えられた。そこで、「主体性」とは『ありのままの自分』と『なりたい自分』との総体ではないだろうか」という共通の考え方が導き出されてくる。

　このような「主体性」概念を持ってH子を見ると、H子は引っ込み思案だけどドッジが好きな「ありのままの自分」と、I奈・J江をはじめみんなと楽しく活動したいという「なりたい自分」がせめぎ合っていたのではないだろうか、そして、「ありのままの自分」が認められるなかで、「なりたい自分」を実現していくことができたのではないだろうか、という分析をすることができた。

　また、H子が「主体性」を確立していくことができたのは、「ドッジボール大会」の取り組みの中で仲間との「つながり」が豊かになったからである。I奈に受け入れられ、J江に励まされ、同級生集団と話し合い、下級生と遊び、クラブ全体として「ドッジボール大会」に出場することで、自分の役割と出番が得られ、自己効力感を高めながら「なりたい自分」に向けて前進していけた。逆に、仲間との「つながり」が豊かになったのはH子自身が「主体性」を確立することができたからということもできるだろう。「引っ込み思案な自分」から「ドッジボール大会」の取り組みの中で目標の実現に向けて仲間とともに活動する中で、多様な「つながり」が形成されていったのである。

　では、こうした過程はどのようにつくり出されていったのだろうか。

H子が主体性を確保していくために指導員のかかわりはどうだったのだろうか？

　進行役は、この発問によって参加者に「実践者の目」で実践を見ることを要請している。実践者はH子の「主体性」は「つながり」の中で生み出されてくると考えて実践しているので、この発問は「実践者はどのような『つながり』をどのように紡ぎ出していこうとし

第3章　学童保育実践の検討　　77

たのか」を分析・考察するものでもある。そのためには、次の場面が取り上げられて、実践者の言動と思考・判断が分析・考察される必要がある。

　　・実践者が、Ｈ子と直接的につながっていこうとしたこと
　　・Ｈ子があこがれているＪ江に特訓を依頼したこと
　　・Ｈ子とＩ奈に下級生たちのフォロー役を依頼したこと
　　・３年生集団での話し合いをつくり出していったこと……など。

　では、これらの場面で実践者が意図的に「つながり」を紡ぎ出していくことができたのはなぜだろうか。

　　・Ｈ子をはじめとして、子どもを見る視点が肯定的であった
　　・実践者自身が、Ｈ子や子どもたちに主体的にかかわろうとしている
　　・直接的なかかわりと間接的なかかわりとのバランスがとれていた
　　・「つながり」の媒介となる活動そのものが充実していた……など。

　以上のような実践検討会を通して、「主体性」という概念の意味を理解することができ、それを使って子どもたちや実践を分析・考察することができるようになった。そして、子どもたちの「主体性」を育むためには、豊かな「つながり」を意図的につくり出していくことが必要であると理解されていった。例えば、「私は、普段から子どもたちの主体性をどうやって引き出そうかと頭を悩ましていたけど、『主体的になれ、主体的になれ！』とばかり子どもたちに押し付けていたような気がする。今回の実践のように、子ども同士が安心して自分を出せる居心地のよいつながりを紡ぐことが、子どもたちが主体的になるためにまずは大切なことだと思った」という参加者からの感想にもあらわれている。

　このような感想も含めて、最後には、「わたしの目」でこの実践検討会での学びを振り返り、まとめていくことができればよいだろう。

実践検討会を進める上で大切なこと〈４〉まとめとして

　このように、「これまで気づかなかったことが気づけた」「なんとなくぼんやりと思っていたことがはっきりと見えてきた」などの感覚を持てることが、実践検討会の最大の良さといえる。その際、参加者の持つたくさんの目やいろいろな観点、様々な思いがありながらも、考えていきたい検討テーマが共有されていることで、こうした集団的な実践事例の検討は成り立つ。

　そして、テーマを共有しながら、その実践を見る目も、同じ種類のレンズを通して見ることが大切だとわかった。自分で自分の実践を省察する際には、「子どもの目」「同僚の目（実践検討会では「実践者の目」となる）」「研究者の目」「自分自身のもう一つの目（実践検討会では「わたしの目」となる）」になることのできるレンズを組み合わせ、総合的に

分析・考察することが大切である。しかし、実践検討会では同じ種類のレンズを通して見ることにより、同じものを見ながら分析・考察をすり合わせていくことができるようになってくる。したがって、「今はこのレンズで実践を見よう」と意識して検討に参加することが、参加者にとって重要な作業となるだろう。

　そして、そのためにも進行役は、実践検討会が分散しないように共有できるテーマ設定を行い、レンズをかけ間違えることのないように柱立てを行い、テーマからずれてしまいそうなときには軌道修正を行うなど、果たすべき役割はとても大きい。ただし、進行役だけの肩に重荷をかつがせるようなことはできるだけ避けてもらいたい。できることなら、一人でも多くの参加者が、「進行役の目」になれるレンズを持っておけるようになりたいものである。

＜註釈ⅴ＞
　「反省的実践家」は、ドナルド.A.ショーン著、佐藤学・秋田喜代美訳『専門家の知恵―反省的実践家は行為しながら考える』（2001年、ゆみる出版）や、ショーン著、柳沢昌一・三輪建二監訳『省察的実践とは何か―プロフェッショナルの行為と思考』（2007年、鳳書房）で提唱された。ショーンは、技術的合理性に基づいた専門家を技術的熟達者とした上で、対比的な位置づけとして、対人援助専門職者などのような行為の中の省察を必要とする専門家を反省的実践家とした。

＜註釈ⅵ＞
　拙著『コミュニケーション実践入門―コミュニケーション力に磨きをかける』（2015年、かもがわ出版）の中では、対人援助専門職者をコミュニケーション労働者として位置づけている。また、意識的に他者とコミュニケーションを図ることは、専門職者だけでなく日常生活においても重要であると論じた。その上で、行為のなかの省察はコミュニケーション実践においても必要不可欠であり、行為の中の省察は行為の後の省察を繰り返すなかで身に付けられていくと提起した。本書の図は同書の37ページから引用した。なお、同書は三分割実践記録や物語（ナラティブ）に関することも論じているため、本書を補完する著書としてお薦めしておきたい。

第4章

物語としての学童保育実践

1　学童保育実践を物語るためには

学童保育を「物語」としてとらえる

　物語としての学童保育実践というと、違和感を抱かれるかもしれない。実践や子どもたちの姿は、事実（現実）であり物語（虚構）ではない、という違和感である。しかし、ここでいう物語とは文字通り「物を語る」という意味である。例えば、実践記録にしても実践が言語化されている時点で、実践が実践者によって語られていることになる。実践者たちがとらえた子どものさまざまな姿も、職場内や保護者にその姿が伝えられるということは、語り手（実践者）によって伝えられたのである。実は、この考え方は稀有な考え方ではない。むしろ、保育領域では保育を物語（ナラティブ）としてとらえるという考え方は定石にもなっている＜註釈vii＞。物語としてとらえるからこそ、保育中の様々なエピソードが言語化され、共有されていくのである。

　ところで、ここで大変重要になってくるのは、物語である以上、誰かが物語っているのであり、この語りは決して客観的なものではないという点である。そのため、実践者が自分の目で見て耳で聞いたこと、さらには肌で感じ取ったことはすべて主観であり、この主観を通して実践者は主観的に物語っていることになる。例えば、他者を理解するということも同様になる。【図４－01】を参照してもらいたい＜註釈viii＞。

【図４－01：他者理解に関する思考の流れ】

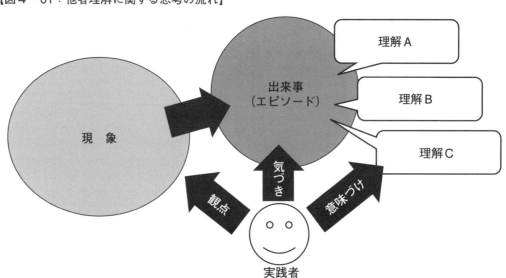

物語る力を身に付ける

　いま、ここにある（起きている）あらゆるもの（こと）を現象としたとき、我々はこの現象すべてを認識することはできない。例えば、一人の実践者が子どもの外遊びを見ているとき、室内で起きている現象をその時点で認識することはできない。我々は、現象の中から「気になったこと」や「気づいたこと」を認識することで、それらを出来事（エピソード）として選び取っている。そのため、同じ外遊びを見ている複数の実践者でも、必ずしも同じ出来事を選び取るわけではない。

　仮に、多くの子どもたちが一つの遊びを複数の実践者が見ていたとしよう。一人の実践者は、全体をぼんやり見ながら楽しそうだと認識している。もう一人の実践者は、それぞれの子どもの表情や言動に気づいたり、子ども同士の関係性に気づいたりしている。いうまでもなく、後者のほうこそプロの実践者である。それでは、双方の違いはいったいどこにあるのだろうか。少なくとも個々人の感性や愛情・情熱といったもので片づけたくないところである。もちろんセンスの良し悪しや長所・短所はそれぞれにあるが、そこだけに依存していてはプロということはできない。つまり、専門的な力量として獲得・向上できるものが求められる。そこで、現象から出来事を選び取るために求められることを以下の通り整理しておく。

①役割を認識しておくこと（役割認識力）

　運営指針の「育成支援の基本」にあるような、放課後児童支援員等として根本にある役割を認識しておくとともに、学童保育所の職員チームとしての自分の役割（日常的な担当業務や実践上の役割など）を認識できていること。

②情報を収集しておくこと（情報収集力）

　これまで学童保育所で蓄積されてきた記録などから情報をあらかじめ収集し、一人ひとりの子どもや子ども同士の関係についてできるだけ多くの情報を収集できていること。もちろん、ここでは収集した情報を活用できるようにもしておかなければならない。

③予測を働かせておくこと（予測力）

　自分の役割を認識し、これまでの情報も収集しながら、その日その日の中で子どもたちがどのような言動をしそうなのか、どのようなことが起きそうなのか、どのような成長・変化がありそうなのか、などを予測できていること。

　大きくは、この三つの力を高めていくことが重要になってくる。なお、上司や先輩にあたる実践者は、部下や後輩たちがこれらを高められるような援助をしてもらいたい。例えば、以下のように事前に指示・伝達をしておくことができればよいのではないだろうか。

①この時間帯は、室内遊びを見守りながら、特に孤立していると思われる子どもがいたらケアしてほしい（役割提示）

②その中でも、○○や△△（いずれも子ども）は最近部屋の片隅で誰とも交わることなく一人で遊んでいることが多い（情報提供）

③だから、○○や△△をはじめ、一人になりがちな子どもがいないかどうかを気にして見ておいてほしい（予測提示）

これはあくまでも一例だが、このような指示・伝達が事前にされておくと、いわゆる新人と呼ばれる実践者たちも漠然と子どもたちを見るのではなく、観点を持って見ることができるようになるだろう。あらゆる現象から出来事を選び取るためには、観点をつくり出すことが必要であるため、上司や先輩と呼ばれる実践者たちには、この観点をつくるための援助をしてもらいたい。

意味づけから他者理解へ

さらに、この出来事（エピソード）を意味づけていくと他者理解へと進展していく。例えば、以下のような出来事（エピソード）があったらどうだろうか。

> 　1～6年生の子どもたち12人で一緒に「オニごっこ」をしていた。そんななか、1年生男子のユウタがオニになってしまう。ユウタは懸命に走り回るも、なかなか当てることができず、オニの時間が続いている。すると、次第に涙目になってきたユウタ。そんなとき、6年生女子でいつも下級生たちの面倒見のよいリンがユウタの前でつまずいてしまった。そしてユウタは、つまずいたリンを当てることができたのだった。その後、オニになったリンは、みんなを追いかけ始めるのだった。

このような出来事は、数ある外遊びのなかで実践者が気づいた（現象→出来事）物語の一つとなる。実践者は、日常不断にできるだけ多くの出来事を選び取り、学童保育実践の物語を紡いでいく。そして、この出来事から意味を見出すこと（意味づけ）で、他者理解をしていくのである。

例えば、上の出来事のリンはどうしてつまずいたのだろうか？　たまたまなのか、わざとなのか、この状況で表出された「リンがつまずいた」という行為を出来事のままにしておくのではなく、この行為にどんな理由があったのか、この行為が周囲にどういう影響をもたらしたのか、この行為の主体者であるリンはどんな子なのか……などと想像的に考えていけば、「意味づけ」へとすすめることができる。

それでは、リンの行為について意味づけてみよう。もし、リンが意図的につまずいたと

すれば、以下のように分析・考察ができる。

> Ａ：リンは小学６年生という最高学年で、いつも下級生の面倒見がよい。
> Ｂ：リンは、ユウタが涙目になっていることに気が付いていたのかもしれない。
> Ｃ：リンは、ユウタがずっとオニのままで辛い思いをしていると察したのかもしれない。
> Ｄ：リンは、あからさまにオニを代わるのではなく、ユウタにあてられたという流れにしたかったのかもしれない。
> Ｅ：そうすることで、泣きそうなユウタを助けるとともに、遊びの楽しい雰囲気もそのままにしたかったのかもしれない。

　このように考えていくと、リンは下級生のユウタやオニごっこに参加する子どもたちのために、意図的につまずいてオニを代わってあげられるような「下級生思いの優しいお姉さん」と総じて理解することができる。このとき、上にある分析・考察も、リンや出来事に対する意味づけであり、これらを総合した「優しいお姉さん」もリンに対する意味づけであることがわかる。したがって、ここで何よりも重要なのは、上の分析・考察である。分析とは分けて明らかにすることであり、この出来事はＡ〜Ｅの五つに分けられている。さらに、このＡ〜Ｅを分類しておくと、Ａはリン個人に関することなので「対象者の特性（性格など）」となる。ＢとＣはリンやユウタのここに到るまでの流れになるので「現在までの文脈（経緯・状況）」となる。そして、ＤとＥは、Ａという特性のあるリンが、ＢとＣの文脈をふまえてやりたかったことなので「対象者の意図」となる。

　つまり、Ａ〜Ｅを大きく三つに分類することができる。この「①対象者の特性　②現在までの文脈　③対象者の意図」という三つに分類しながら出来事を意味づけていくと、より意味づけやすくなり、他者理解ができるようになるだろう。

　ただし、ここで注意しなければならないのは、「本当にそうだったのか？」という点である。そもそもリンは偶然につまずいただけかもしれない。または、意図的につまずいたにしても、もっと別な意図があったのかもしれない（自分がよい子に見られたいなど）。上の分析・考察にもあるように、あくまでも「かもしれない」のである。いつも下級生の面倒見がよいからといって、今回もそうに違いないと思い込んで（とらわれて）しまうとその時々の理解が歪んでしまうことがある。また、意図だけでなく、特性や文脈に関しても新たな情報が加わってくるなかで理解が更新されていくことは十分にあるため、一つの出来事を意味づけるときには、複数の実践者たちからも情報を集めておきたいものである。と同時に、複数の実践者たちからの多様な意味づけを得られれば、出来事や対象者の理解をさらに深めることができる。結局のところ、物語としての他者理解には、絶対的な真理などあり得ない。あらゆる現象のなかから、主観的に出来事を選び取り、主観的に意味づけているからである。それならば、できるだけ多くの主観的な出来事や意味づけを集

めていくほうが、理解が深まり、豊かに物語を紡ぐことができる。そのため、「ベテランの子ども理解が正しく、新人の子ども理解は浅はかだ……」というような実践者集団には、子ども理解を深められる素地も、豊かに物語を紡いでいく土台もないということになる。プロの実践者集団になる上で、大いに注意しておきたいところである。

子どもを共感的に理解する

　学童保育現場のさまざまな出来事を選び取り（気づき）、その出来事を「特性・文脈・意図」の枠組みで分析し、理解（意味づけ）するなかで物語ることは実践者にとって欠かせない。しかし、それはあくまでも実践者の主観的な物語であるため、自身でもより多くの出来事と多様な意味づけができるようにならなければならないし、集団的にそれぞれの出来事や理解を共有できるようにしなければならない。そうすれば、対象者の理解をさらに深めることができ、実践者自身の学童保育実践の質も高められるだろう。

　そこで、ここでは理解（意味づけ）についてさらに深めていくことにする。上述した通り、「特性・文脈・意図」の枠組みから他者理解をしていくのだが、その中でも意図というのは、対象者が外側（対象世界）へ表出していない思考や感情などの内面世界にある。優れた実践者（学童保育に限らず多くの対人援助専門職者）ほど、対象者の内面世界を共感的に理解しながら働きかけることができる。何よりも対象者への共感的な理解は、目的意識的な働きかけをつくり出す重要な基礎の一つとなっている。それでは、共感的な理解とは何なのだろうか。まずは、【図４－02】を見てもらいたい。

【図４－02：同情と共感の違い】

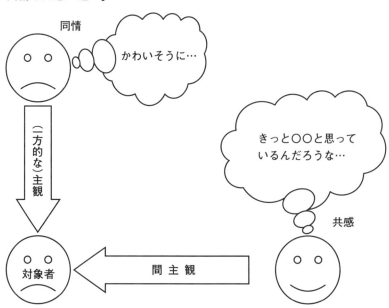

この図は、同情と共感の違いを示している。同情は対象者を一方的かつ主観的に憐れむことであるのに対して、共感は対象者のそのときの思考や感情を想像的に（対象者になってみて）考えることである。まさに、対象者の主観と実践者の主観との間にもう一つの主観（間主観）を立てることを意味している。そして、共感に基づいて、対象者を理解しようとすることが共感的理解であり、実践者はこの共感的理解によって対象者の内面世界にある意図を読み開きながら働きかけ、働きかけながら読み開いていきたいものである。

子どもの共感的理解と実践との関係性

　ここで、上述のような共感的理解と実践との関係性について一つの実践記録から学んでいきたい。

　この実践記録は、滋賀県湖南市の田中一将さんによって綴られたものである。実践記録に登場する1年生のトモヤ（仮名）は、自閉症スペクトラム障害の診断を受け、小学校では特別支援学級に通っている。田中さんは、この実践の中でトモヤと田中さんとの1対1の閉じた関係から、トモヤと周りの子どもたちとのインクルーシブな関係づくりに注力していることがわかる。なお、記録中に登場してくる「タナ」が田中さん（実践者）である。

実践記録「トモヤと周りの子どもたちとの関係をつくりたい」

田中一将（滋賀県湖南市）

（1）はじめに

　トモヤは小学1年生男子である。彼の入所前から、彼の保護者とも入念な面談を行い、彼が自閉症スペクトラム障害の診断を受けていることやそのための特性、そして保護者の抱えている悩みなどを聴き取り、入所時点から実践の方向性を職員集団で模索してきた。そして、「周りの子どもたちがトモヤに対する理解を深めながら、周りの子どもたちのかかわりでトモヤが安心感を抱けるようにしたい」という実践目標へ行きつくことになった。

（2）プラレールをめぐって

　4月7日（木）。この日もプラレールにいそしむトモヤ。この日は雨のため、いつにも増してプラレールに群がる子どもたち。総勢10人の子どもたちの中に、シンイチ（2年）やユウジ（2年）たち上級生もいた。その中で、突然トモヤの「僕が作った！」という叫び声一閃。立体化させた線路を組み替えたトモヤにマミ（2年）が「私が作ったのに」と言ったことがきっかけでもめ始めていた。シンイチが間に入ってなだめるものの一向に聞き入れようとしないトモヤ。近くで見ていたユウジが私に「マ

ミちゃんが作った近くにトモヤくんも作ってはった」とこっそり教えてくれた。「ああ、じゃあマミの線路と、トモヤくんが作ったって言ってる線路が違うってことか」と私が言うと「うん」とユウジ。こうしたトラブルは、お互いの気持ちを紹介し合える絶好の自己紹介の場だ。私は「線路違いやったんやろ。確かにトモヤくんもここで続きをつなげてたらしいで。近くやったからややこしかったんやなあ」と話す。「それは知ってるけど、だからって怒ることないやんか。すぐ怒る人、入ってほしくないわ」とシンイチが返す。私は「シンちゃん、この春休みずっと見てたけど、晴れの日も雨の日もずっとずっとプラレールしてたんトモヤだけやったやん。急に雨降ったからプラレールしようぜって来たシンちゃんたちと違って、ずっと大事に遊んでた。だから今日は、入れてって言うのはもしかしたらシンちゃんたちが言うことなんかもよ」と話してみた。正しい事実を伝えることも大事だが、相手はこう思っているんじゃないかと考えてみることも、2年生になった彼には体験してほしかった。シンイチは「ああ、うん、まあ、おれもしつこく言いすぎたな」と答えてくれた。さらにその後、ユウジはその場を離れたトモヤを追いかけ、肩に手をかけて「な！　な！」と何やら話しているのだ。会話は全く聞こえない。「な！」しか聞こえない。積極的な行動を起こすことは少なく、普段はおとなしくマイペースなユウジ。そんなユウジに答えるようにトモヤは「うん、うん」と強くうなずいていた。そして二人揃って戻って来ると、再び遊び始めたのだった。「ユウジが何か話してた。それもカッコいい感じで……。何かアドバイスしてるんか？でもアドバイスって何や？」頭の中で考える私。早速、ユウジに「なあ、さっき何話してたん？」と聞くと「『夏休みに家のプラレールいっぱい持ってくるから、いっしょにあそぼうや』って言うただけ」と言う。「へえー！」と感心する私。「でも何でわざわざ言いに行ったん？」と聞くと「トモヤくんおもしろそうやったし。俺もプラレール好きやし、また遊びたかったし」とユウジ。するとトモヤがいつの間にか用意した紙とペンを両手に掲げ「だからねえ、そのためにユウジくんとタナを一回家へ招待したいから」と、クラブから自宅までの地図を書き始めたのだった。「夏休みの思い出に、僕の家に遊びに来たらどう？」と上機嫌のトモヤ。ユウジも「俺ん家も教えたるわ」とユウジと並んで地図を書き、お互い交換していた。

　おやつの時間、このエピソードをみんなに話した。みんなにもこのやりとりを共有してもらいたいと思ったからだ。するとシンイチが「オレん家からもプラレール持ってくる！幻の『茶色の線路』あんねんで」と叫んだのだった。「ユウジ、かっこよかったな」と私。照れるユウジ。まだ1週間ではあるものの、「周りの子どもたちがトモヤへ関心を持つ」ことに一歩近づけた感じがした。

　しかし、以降のあそびでも自己中心性の高さが目立ち、すごろくなどのボードゲームではトモヤに有利な「トモヤルール」で行われることがほとんどだった。またすごろくのコマを自分の口の中へ入れたりするなども相次ぎ、トモヤから離れる子どもも

少なくはなかった。ほかにも、後片付け、靴を靴箱へしまう、おやつをみんなで食べるといった基本的な生活習慣も難しかった。そして、いわゆるストレス反応でもある「お腹減った」という言葉をよく口に出すようになっていた。まだ1か月も経っていない。彼も不安と闘っていたのだろう。

【解説】

　ここまでは、トモヤが入所して間もなくの出来事が記録されている。トモヤのプラレールに対するこだわりの強さが、雨の日の大勢での遊びのなかで露呈し、周りの子どもたちとの軋轢を生み出す結果となってしまった。しかし、実践者の周りの子どもに対する「代弁」やユウジの機転のきいた声かけにより、トモヤは再びプラレールで遊ぶことができた。それどころか、ユウジやシンイチたちとの「プラレールつながり」まで芽生え始め、このことをほかの子どもたちとも共有することができた。しかし、周りの子どもが「トモヤルール」などを作ってくれてはいても、トモヤから離れていく子ども、そしてトモヤ自身のストレス反応が見られるようになってきていた。そのような中で、実践者は「彼も不安と闘っていたのだろう（下線部）」と、彼の心中に対する共感的理解を始めていることがわかる。

（3）コマを回そうとしないトモヤ

　4月25日（月）。当時流行っていたコマ回しに興味を示すもコマを持たずに「タナとタイチくん（1年）で対決や。ぼくジャッジするから」とコマフィールドに入ってきたトモヤ。きっとコマがうまく回せない分、違う役割でコマバトルに参加しようとしたかったんだろうなと思っていると、同じ卒園児でもあるタイチが「トモちゃん、保育園のときにコマ回してたで！」とひと言。トモヤはその言葉に「でも、ぼくコマをうまく回せる自信がないんよ」とつぶやいて、私とタイチの勝負を促すのだった。その様子を見ていたケンシロウ（1年）が、「だからがんばんねん！」と一喝する。タイチも「だれでも回せるし、トモちゃんならできるやん！」と励まし続けた。しかしトモヤは、彼らのアドバイスに逆らうかのようにコマひもをびしびしと振り回し、「（私とタイチで）勝負して！」とフィールド中央に座り込んでしまう。まるで「回したいのにみんなみたいにすぐにきれいに回せへんのじゃ」と言わんばかりに。結局タイチと私のバトルは行われなかった。しかしそのあと、とってもとってもスローテンポではあるが、持ってきたコマにひもをゆっくりと巻き始めたトモヤ。強くつまんで引っ張る、掴むといった動作が弱く、どうしてもゆるくなってしまう。ほどけては巻き、ほどけては巻き、の繰り返しだった。以前にはできていたであろうきれいな巻き方とは程遠い状態に、本人も次第にいらつき始める。結局天地逆に巻き出し、それに気づかずに失敗してしまった。「もう！」とばかりにさらにひもをブンブンし始めるトモヤ。そしてコマ入れにある大量の缶ゴマを「こんな空中技をやってみたい！」と

第4章　物語としての学童保育実践　　89

ポイポイ投げ始めたのだった。周りの子どもたちは「おいおい」と言った様子だったが、私には「みんなと同じようにしたいんや。一緒にコマしたいんや」と訴えているように見えていた。彼に歩み寄り、ばらまかれたコマを一つひとつ拾い上げながら「みんなみたいにすっと回したいよな。みんなと一緒にしたいよな」と話しかけ「投げ方かっこよかったで。またやろな！」と言ってみた。彼が私の言葉に返答することはなかったが、やがてコマをしまうと読書スペースにこもり、大好きな絵本を読みふけるのだった。みんなが通る道。大事な過程。しかし彼にとっては大きな試練。ちょっとしたプライドのようなものも感じられた。「うまくできひんからやめる」と捉えがちな彼の様子も、「みんなと同じようにしたい」という渇望の裏返しなのだろう。

　この時期から、彼は少しずつ、会話の端々に自身の不安を口にすることが多くなった。一緒に読書をしている時に突然「いやなことがあったときは僕の中のどらやきが爆発して暴れ出してしまう」と話すトモヤ。イライラをどらやきに喩えた独特の言い回しの中に、一旦火がつくと自分でも歯止めが効かないことを教えてくれたのだった。そして、そういうことをする自分はいけない自分だと認識していることも、その言い回しから感じ取れた。「そうかあ、自分でもどうしようもなくなってしまうんやなあ」と答えると、彼は「いつもすぐ忘れてしまう」とうつむきながら続けた。一緒に乗り越えていこう。誰でもそんなことはあるもんだ。そんな思いを込めて私は「タナなんかしょっちゅうやわ。一緒一緒。大丈夫。」とあえて軽く答えた。彼は「……お腹減った」とつぶやくと、床にごろんと寝転がって読書を続ける。私は、彼が見つめているであろう（みんなとの）「同じ」に思いをはせていた。やっぱり、周りの子どもたちの力が必要だ。

【解説】

　ここでは、ますます実践者がトモヤの心の声を共感的に理解しようとしていることがわかる。実践中の観点がトモヤに向けられているだけでなく、トモヤの言動の裏にどのようなトモヤの思い（意図）があるのか、想像力を働かして共感的理解へつなげていこうとしている様子が多分にうかがえる。上の記録の（下線部）で特徴的なのは、「……だろう」「まるで……」「……ように」「……感じ取れた」などが散見できる点ではないだろうか。トモヤが本当にこのような思いを抱いているのか確かではないが、確かではないからこそ彼の言動、周りの子どもたちからの情報、さらにはこれまでの子どもたちとの経験を踏まえながら、類推することが求められる。その結果が、上のような表記につながっている。

　そして、この共感的理解はまだ確信ではないため、実践者は対象者へ働きかけを行いながら自身の類推との整合性を確かめようとしている点も特徴的である。それが（波線部）に該当してくる。しかし実践現場では、このトモヤのように「みんなと一緒にしたいよな」と問いかけても、そこで「ぼくはみんなと一緒にしたい」と簡単に答えてくれるわけではない。それでは、答えて

くれなかったから必ずしも「ＮＯ」のサインなのか、というわけでもない。ここに、子どもを共感的に理解する難しさがあるといえるだろう。だからこそ、実践者は継続した学童保育の場で、継続的に子どもと共に過ごせるという利点を最大限発揮していきたい。その時々に対象者へ観点を向けるだけでなく、対象者の内面世界へ踏み込んでいくとともに、継続的な時間と場の中で読み開きながら働きかけ続け、働きかけながら読み開き続けていけば、共感的理解はさらに深められていく。実際に、この記録でもトモヤが「不安を口にすることが多くなった」という変化に気づいた実践者は、トモヤとの対話の中で彼の言葉を引き出せている（波線部）。これらの実践過程を経て、実践者はトモヤと自分との関係だけでなく、周りの子どもたちとの関係のなかで、「彼が見つめているであろう（みんなとの）『同じ』」についての理解を深め、彼の不安な状況を改善していきたいという方向性（二重線部）を明確にできた。まさに、実践のＰＤＳＡサイクルを回せている状態である。

その後、この実践記録では５月になってトモヤが集団の中で起きてしまうさまざまな音などへのストレスを改善すべく、彼が落ち着ける専用区画をつくり、より一層彼が安心できるように配慮した。そして、６月には小学校の運動会の振替休日を活用したクラブでの「１学期お楽しみ会」が開催された。５・６年生が中心となって企画した遊び大会や宝探しなどのさまざまな取り組みのなかで、上級生たちがトモヤへ配慮する場面に実践者は喜びと安心感を持つことができたと書かれている。そして、以下の実践記録へ続く。

（４）本物の「同じ」

　８月に入り、夏休みの大きな行事の一つである登山の日を迎えた。１〜３年生で標高432メートルの三上山へ登るという取り組みをトモヤも楽しみにしていた。

　当日のこと。序盤はスイスイと歩いていたものの、徐々に襲う疲労感に「もう」「もう」と口にし始めるトモヤ。そして、中盤に差し掛かると、集団から後退してとうとう私と２人だけになってしまう。トモヤは、「もう無理……早くおにぎり食べたい……」と泣き出してしまう。私は、そんなトモヤを引っ張ったり後ろから支えたりするがなかなか進もうとせず、それどころか「もうイヤだー」「だまされたー」「もう絶対山なんか登らない」と叫び声を上げる。残り半分。辛さもピークに近づく道のりである。<u>「トモヤは、もしかしたら強引に引き返すかもな」と考え始める私。しかしふと彼の足元を見ると、彼がその歩みを決して止めていないことに気付いた。「イヤと言ったらイヤ」を地で行く彼だからこそ、こういう時の行動に彼の本心が垣間見えてくる。私は、ゆっくりではあるものの止まることがない彼の小さな一歩に、最後まで登り切るんだという気持ちがあることを察した。</u>「さすがやなー」「がんばろなー」の私の声に「ギュッギュッ」と山道を踏みしめながら、それでも口からは「イヤだー」「帰るー」という叫び声に、私は少しほほえましく感じていた。

しかし、頂上まで残り100メートルというところでついに「もぉ無理！　ここで食べてやる！」とカバンを下ろしてしまうのだった。登頂まであと一歩。「よう頑張ってる！」「ほら、あと少しやん！」と励ますものの、彼には届かず「イヤだイヤだ！」「ここで食べてやる！」と泣き叫ぶ。これまでとは違う彼の感情の爆発。頂上の空は木々の合間からもう見えている。<u>私も正直観念していた。</u>

　すると、先に登頂していた１年生のリョウスケ、シンヤ、マサト、コウジ、２年生のコウとヨウイチ、３年生のアイ、４年生のサキとリサが颯爽と下山し、「おーい！トモヤがんばれー！」と彼に声を掛けるのだった。びっくりした顔で彼らを見つめるトモヤ。「トモヤくんあと少しやで！」「おれカバン持とうか？」「おんぶする？」「引っ張ったろっか？」さらにヨウイチは「おれ、シュウタに貰ったアメあるし、それあげるわ！」と走って取りに行く。結局アメは、「いらない」と断ってしまうが、ヨウイチはそこでトモヤを責めることもなく「いらんのかよぉ〜」と笑ってくれ、トモヤも表情がゆるんだ。そこからはみんな一列になって頂上を目指し始める。棒を使って引っ張りあげてもらい、「こっちのほうが上がりやすいで」と教えられながら、数分後には無事登頂していた。そして約束どおり、山頂でみんな揃っておにぎりをほおばることができたのだった。

　集合写真に笑顔で収まるトモヤを見ながら、<u>私は彼が「本物の同じ」を実感できたからこそ最後の力を振り絞れ、笑顔を取り戻せたのだと思った。</u>

（5）登山以降のトモヤと周りの子どもたち

　そんな登山での出来事があった以降にも、周りの子どもたちに変化が見られた。ケンシロウは、トモヤが持ってきた宿題ドリルがまだ済んでいないと分かると「一緒にしようぜ」と誘った。トモヤがなかなか手をつけないと見るや「おれやるでぇ」とドリルに手をかける。「周りに人がいるとできない」とトモヤが言うと、ケンシロウは「ええ？」とトモヤから離れて、私に「あいつ計算できてるんかな」と心配げに聞きに来た。しかし、トモヤの計算が出来ているのに気づくなり、「おーできてるやん！あってるしさー！」と喜び、「もうこれでトモヤ大丈夫やな」と満面の笑みで私へ報告してくれたのだった。

　また、お助け隊として登山に参加した４年生のサキとリサは、この登山がきっかけとなって「トモヤくん一緒にあそぼっか」「なんでそんな嬉しそうな顔してるんやろうなー」「トモヤくんって面白いなー」と遊び始めたのだった。それまで彼を煙たがっているような雰囲気だった二人。しかしこの登山後は「だし巻きごっこ」なる独自の遊びをするまでになり、日記にもトモヤの名前が見られるようになっていた。

　今まで同学年とのつながりが強かったトモヤに、異学年というタテのつながりが出来てきたことを感じ取られた場面でもあった。

【解説】

　この登山の場面では、まさに実践者が望んできた「周りの子どもたちの力」が開花し、あきらめかけていたトモヤを突き動かしたことがうかがえる。しかし、そう簡単に実践者の望み通りに実践が展開したわけではなかった。それどころか、実践者とトモヤとの二人だけの時間では、トモヤだけでなく実践者もあきらめがちな状況に陥っていた（波線部）。しかし興味深いのは、トモヤを励ます側の実践者も、一方でトモヤに励まされている点である。これは、トモヤの思いを共感的に理解しようとする実践者のスタンスがあったからこそではないだろうか（下線部）。

　この実践記録では、「実践者自身の主観的な内面世界」と同時に、トモヤの内面世界を読み開こうとする「実践者の間主観的な内面世界」が鮮明に書かれているため、その時々の実践の状況がとてもわかりやすく伝わってくる。そして、子どもたちが迎えに来てくれ、登頂でみんなと共に昼食を食べることができたトモヤを前に、実践者は記録中で「本物の同じ」と表現（二重線部）している。この表現から、これまで「同じ」でありたかったトモヤの内面世界の変化が想像できる。みんなと同じ時間、同じ場所で一緒に昼食を食べたという結果に到るまで、トモヤは何度もみんなとの違いを味わってきた。しかし、みんなと同じに登れないでいるトモヤを、同じ仲間として迎え入れてくれた周りの子どもたち。トモヤが欲していたであろう「同じ（コマの技術や登山のスピード）」ではなく、彼を安心させてくれる「本物の同じ（仲間）」に気づけたということなのかもしれない。このように、実践者が対象者の共感的理解を深め、実践記録へ丁寧に記述することで、実践検討会において検討する側も共感的理解を誘発されるといったプラスの効果を期待できる。

　以上から、実践中に行われた共感的理解により、対象者の内面世界にある意図を鮮明にできるとともに、継続的な実践のＰＤＳＡサイクルにもプラスに作用することがわかった。そして、これらは実践記録のなかでも「きっと、対象者は、……のように思っているのではないだろうか（と実践者は考えた）」などと記録されるようになる。対象者の主観と実践者の主観との間に立ち、間主観的な想像が言語化されるわけである。

　学童保育実践では、この共感的理解に基づいて、次なる実践のためのPLANを修正したり継続したりするからこそ、単なる数値的な成果や一方的な目論見を評価して次のPLANにしていくことと大きく異なる。そのため、共感的理解に基づいたPLANには、共感的理解そのものがどうだったのかという検討（STUDY）も加えられなければならない。つまり、実践検討における「子どもの目」のレンズを当てることである。実践記録の中に対象者への共感的理解が鮮明に記録されていれば、実践検討の際にはさらに多様な共感的理解が可能となり、ひいてはプロの反省的実践家としてふさわしいＰＤＳＡサイクルにつながってくるだろう。

② 実践の物語を保護者と共有する

保護者と物語を共有する必要性と内容・方法

　ここまで、学童保育は乳幼児保育と同様に物語（ナラティブ）であるという考え方に基づき、学童保育現場で物語るための認知のあり方や対象者の主観になってみる共感的理解、さらには共感的理解を取り入れた実践記録についても提起してきた。そこで、本章の最後に、学童保育現場での物語を保護者と共有する必要性についても提起しておくこととする。まず、以下の運営指針（抜粋、下線は引用者）を参照してもらいたい。

放課後児童クラブ運営指針　第3章　放課後児童クラブにおける育成支援の内容
１．育成支援の内容
（４）子どもにとって放課後児童クラブが安心して過ごせる生活の場であり、放課後児童支援員等が信頼できる存在であることを前提として、放課後児童クラブにおける育成支援には、主に次のような内容が求められる。
　⑨放課後児童クラブでの<u>子どもの様子</u>を日常的に保護者に伝え、家庭と連携して育成支援を行う。
　・放課後児童クラブにおける<u>子どもの様子</u>を日常的に保護者に伝える。
　・<u>子どもに関する情報</u>を家庭と放課後児童クラブで共有することにより、保護者が安心して子育てと仕事等を両立できるように支援する。
４．保護者との連携
（１）保護者との連絡
　○放課後児童クラブにおける<u>子どもの遊びや生活の様子</u>を日常的に保護者に伝え、子どもの状況について家庭と放課後児童クラブで情報を共有する。
　○保護者への連絡については、<u>連絡帳</u>を効果的に活用することが必要である。その他、<u>保護者の迎えの際の直接の連絡、通信、保護者会、個人面談等の様々な方法</u>を有効に活用する。

　放課後児童支援員の支援とは、子どもの健全な育成を支援すること（育成支援）と保護者の就労と子育ての両立を支援することの二つの意味合いの支援が包括されている。そして、運営指針においてとりわけ後者の保護者に向けた支援のために、保護者への伝達と保護者との共有が必要であると明記されたことになる。ここで重要になってくる点は、保護者に何を伝達・共有するかであるが、運営指針（下線部）では内容として「子どもの様子」「子どもに関する情報」「子どもの遊びや生活の様子」「子どもの状況」が挙げられている。また、タイミングとしては日常的に伝えることであり、「連絡帳」「迎えの際の直接の連絡」「通信」「保護者会」「個人面談」をはじめとしたさまざまな方法を有効に活用することが掲げられている。そこで、まずはこれらを具体化して【表４−01】の通り整理しておき

たい。

【表4−01：保護者と実践者が共有しておきたい内容】

項　目		内　　容	タイミング
保護者↓実践者	子どもの家庭環境	家族構成など	入所当初または必要に応じて随時
	保護者の状況	保護者の就労状況や連絡先など	入所当初または必要に応じて随時
	子どもの健康状況	子どもの平熱・アレルギー・病気・障がいの有無など	入所当初または必要に応じて随時
	子どもの通所状況	習い事等で定期的または随時欠席・遅刻・早退をする日など	入所当初または必要に応じて随時
	日常的な子どもの状況	学童保育所に対する子どもの思い、家庭での子どもの様子など（相談したいことも含む）	日常ならびに随時
実践者↓保護者	学童保育所に関する基本的な情報	利用時間・休日・利用料・運営形態・職員体制・持ち物など	入所当初または必要に応じて随時
	理念・目標・計画	学童保育に関する理念や目標、保育計画など	入所当初または必要に応じて随時
	期間ごとの情報	新1年生の年度初めや夏休み等の長期休暇、学校振替休日等の計画や内容・持ち物など	必要に応じて随時
	行事ごとの情報	行事等のスケジュールや持ち物など	必要に応じて随時
	子どもの健康状況	日常におけるケガや病気など	日常ならびに随時
	日常的な子どもの状況	子どもの遊びや生活の様子、人間関係、成長・変化、心揺らいだ出来事や気になっていることなど	日常ならびに随時
	そのほか相談・依頼・注意	個別に相談したいことや依頼・注意したいことなど	日常ならびに随時

　上表のように保護者と実践者が共有しておきたい内容はおおむね整理できるが、各学童保育所によって上表以外の内容も加わってくるだろう。また、伝達・共有の方法に関しては、『放課後児童クラブ運営指針解説書』（2017年、厚生労働省、117〜119ページ）において特徴と留意点が整理されているため、その内容をもとにして、【表4−02】の通り改編したので参照してもらいたい。

実践者から保護者へ伝える日常的な子どもの状況

　このように保護者と実践者が共有するといっても、その内容や方法が多様にあることは容易に理解できるだろう。ここでは、そのなかでも特に実践者から保護者へ伝えられる「日常的な子どもの状況」について言及しておきたい。というのも、これこそ保護者と実践者が共有するために、実践者から保護者へ伝えられる物語だからである。この物語をいかに実践者が保護者へ伝えられるかによって、保護者の安心感や信頼感に大きく影響してくるだろう（もちろん、子どもの健康状況などの項目は、保護者との基本的な信頼関係を築く

【表４－02：保護者と実践者が共有するための方法】

	項　目	主　な　利　点	注　意　事　項
一人ひとりの保護者（日常または定期的）	連絡帳	・保護者と実践者の双方が記入できる ・出欠席や健康状態の連絡、日常的なクラブや家庭での様子の伝達、相談事項など幅広く活用できる ・迎えに来られない保護者とも日常的・継続的に情報交換ができる	・子ども一人ひとりに用意し、出席時に必ず持参してもらうこと ・子どもも見ることができるため、子どもに配慮した記入をすること ・ケガやトラブル等は、必要に応じて連絡帳だけでなく直接話もすること。
	迎えの際等の直接の連絡	・日々の迎えの際等では、その時の子どもの様子を直接話ができる ・即時性が高く、確実に伝えられる ・話の内容だけでなく、保護者の表情や様子も日常的に把握できる	・迎えの際に全員の保護者と話す時間がとれないことや迎えに来られない保護者等へ配慮すること ・保護者の状況に配慮し、話す時間の長さにも注意すること
	個人面談	・定期的または随時に個々の家庭と子どもの様子や実践内容などを一定の時間を確保して直接伝え合える ・家庭状況や保護者の気持ち等を聴き取ることができ、子ども理解を深めることにつなげられる	・保護者が参加しやすい日程や時間帯を設定し、事前に希望を聞くなど調整すること ・事前に職員間でその子どもの遊びや生活の情報を整理し、共有して臨むこと
保護者全体（定期的かつ同時）	通信	・定期的に発行することで、子どもたちの様子や実践の内容を一斉にすべての保護者へ伝えられる ・行事予定や連絡事項なども文字にして伝えられる ・写真等も入れ込むことで、生活の様子等がよりわかりやすく伝えられる	・個人情報や人権（写真の場合は肖像権も）に配慮した内容や表現等にすること ・個人名等の記載や写真の掲載については、事前に保護者の同意を得ておくこと ・通信を読んでいない保護者がいることも視野に入れておくこと
	保護者会・保護者懇談会	・保護者全体（出席者に限る）へ定期的かつ同時に計画や行事予定、子どもの日常の様子を直接伝えることができる ・同時に複数の保護者の反応や意見を知ることができる ・保護者同士の話し合いなど交流の機会にもなる	・目的に応じて、全体、学年別等のやり方を工夫すること ・保護者が参加しやすい日程、時間、頻度で開催すること ・できるだけ一方的な話ではなく、双方向的なやりとりができるようにすること

上で必要不可欠であることは前提である）。

　さて、一言で日常的な子どもの状況といっても……、

　　　・最近Ａ子さんは、一輪車で遊び始めている

　　　・最近Ａ子さんは、お手伝いをよくしてくれている

　　　・最近Ａ子さんは、Ｂ子さんとよく一緒にいる

　これらは、いずれもＡ子の日常的な状況であり、実践者が保護者に伝えたい内容であることに違いない。特に、保護者のニーズともマッチする場合はなおさらである。例えば、最近Ａ子は学童保育所で何をしているかを尋ねても、「別に……」などと言って、何も教えてくれないと不安がる保護者に、上のようなことが伝えられれば安心へつながるだろう。人は知らない、わからないという状況によって心理的な不安を招いてしまう。働く保

護者にとっては、日常的な学童保育所での様子を見ることができないため、不安に思うことも少なくないだろう。ぜひ、日常的に伝えていきたいところである。

なお、上のＡ子に関する三つの伝達内容は、いずれも実践者があらゆる現象の中からＡ子のことに気づき、「出来事」として選び取ったものである。そして、出来事を意味づけながら保護者に伝えるときには、「Ａ子さんが一輪車で遊び始めている」ことにどのような意味を込めているのかが問われてくる。これは、実践者が保護者に伝えたいもう一つの意味にもなり得る。

例えば、以前であれば一輪車に乗るのを怖がっていたＡ子が、最近になって一輪車に挑戦するようになったのであれば、単なる「一輪車で遊び始めている」だけではなくなってくる。また、家庭では少しも家の手伝いをしないという保護者のぼやきを受けた実践者が、家ではまだかもしれないけど、学童保育所では「お手伝いをよくしてくれている」から安心してほしいという意味（メッセージ）になるかもしれない。さらに、学校ではあまり友だちとの交わりがないＡ子が、学童保育所ではＢ子とよく一緒にいるということも同様になってくる。

実践者が保護者へ伝えたい物語

このように、保護者のニーズとも重ねながら、実践者から何らかの意味づけをして出来事を伝えているときには、多くの場合これまでの「文脈」が関係してくるといえるだろう。そして、この文脈をふまえながら、実践者がどのように出来事をとらえているのかが、意味づけによってメッセージとして保護者へ伝わることとなる。そのため、「日常的な子どもの状況」という物語を保護者に伝えることで、その根底にある実践者の子どもに対する考え方やとらえ方まで伝わっていくのである。実は、これが保護者にとっての安心感や信頼感に大きく影響してくると考えられ、プロの実践者として問われるところとなるだろう。

さらに、文脈だけに限らず、上のような出来事を通じて、保護者がこれまで気づいていなかった子どもの「特性」を伝えることで、保護者の子ども理解がますます深まるだろう（もちろん、保護者からの見解を聞くことで実践者の子ども理解も深められる）。また、前掲の田中さんの実践記録のように、その時々の子どもの「意図（思い）」についての丁寧な読み開きを保護者が個人面談等で知ることができれば、我が子のことをこれだけ理解しようとしてくれている実践者の存在に大きな安心感と信頼感を抱けるのではないだろうか。

つまり、表出した出来事を単にそのまま伝えるのではなく、なぜこの出来事を保護者に伝えたいのか、この出来事を伝えることで保護者に何を知ってもらいたいのか、を明確にしながら日常的な子どもの状況を伝えることが重要なのである。その点では、子どもの出

来事を理解する際の意味と保護者に伝える際に伝えたい意味という「二重の意味」があり、双方の意味が一致している場合もあれば、保護者に伝えたい意味にはさらに別な意味が込められている場合もあり得る。別な言い方をすれば、子どもの出来事を理解する際の意味だけでなく、保護者に伝えたい意味の両方が保護者へ正しく伝わらなければ、保護者との間に軋轢が生じ、不信感を抱かれてしまいかねないので注意が必要となる。このことについて【図4-03】に整理したので参照してもらいたい。

【図4-03：実践者が保護者へ伝えたい物語】

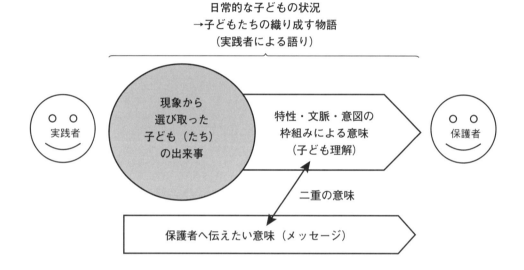

保護者の子ども理解のために

なお、実践者が子どもたちの織り成す出来事を意味づけ、保護者へ物語として伝えることは、保護者の安心感・信頼感につながるだけでなく、保護者の「子ども理解」にも重要な役割を果たしている。認知行動療法のなかで取り入れられている考え方でもあるのだが、保護者が偏った子ども理解（とらえ方）をしていたとすれば、実践者が保護者へ物語として伝えることで、その偏りをときほぐすことができる場合がある。

例えば、「うちの子はダメな子」「うちの子は落ち着きのない子」「うちの子は○○ができない子」などと保護者が我が子をとらえていたとしよう。その保護者のとらえ方に対して、学童保育所での「別な姿」を伝えることで、そんな姿も我が子にはあるのだと気づかせ、偏ったとらえ方をときほぐしていくわけである。

なお、「別な姿」とは、家庭や学校と学童保育所という物的にも人的にも環境が違うことによってつくり出される別な姿と、保護者と実践者という理解する主体が違うことによって見出される別な姿の両側面がある。前者による表出しやすい別な姿だけでなく、実践者には保護者が見出せないような子どもの別な姿を出来事としてどれだけ見出し、保護

者とは異なった意味づけをどれだけできるかが問われることとなる。そのためにも、遊び
と生活のなかで当たり前のこととして見過ごしがちなことを、特別なことや価値あること
としてとらえられるプロの「眼（まなざし）」を持っておきたい。

保護者に伝える通信の役割

　実践者が日常の子どもたちの状況を伝える方法は、口頭による伝達だけではない。例え
ば、これまでも意欲ある実践者たちの間で実践記録と同様に大切にされてきたものに通信
がある。通信といえば、毎月１回程度、その月の予定などを紙面にて伝えるようなケース
が多いかもしれないが、なかには学童保育現場における子どもたちの物語を書き起こし、
通信で定期的かつ同時に全体の保護者へ発信している学童保育所もある。頻度はまちまち
であるが、１週間に１～２回発行している通信などには、まさに日常的な子どものちょっ
とした姿が実践者の目を通して描かれている。以下にその例を紹介しておきたい。

<table>
<tr><td>

「おやつ準備はまかせて！」

　水曜日は１年生だけが４時間で一足早く帰って来る日。そんな折、「きょうのおやつはなにかなぁ？」「おやつじゅんびやりた～い」と１年生のようことたすくが言ってきました。さらに、ようこが「やりたいひと～？」と声をかけると、同じ１年生のあかねやみずほも「やりた～い」と加わりました。

　４人は、やる気いっぱいで手を洗い消毒してマスクをかけます。ところが、手を洗わずにそのまま参加しようとしたたすくに、「マスクをしてない人はダメ！」とようこがピシャリ。たすくは「ごめんごめん」と苦笑い（？）です。４人は、テーブルの上におやつトレイを「横向きに並べた方がいいよ」とか「班の順番に並べた方がいいよ」とか、自分たちのやりやすいように意見を出し合っています。一生懸命さのあまりか、いつも一緒にいるあかねとみずほが、「あかね、いいかたキツイよ！」「みずほもでしょ！」と言い合う場面もあったり……。

　入所してから２か月経った１年生たちに頼もしさを感じました。

</td><td>

「男の料理！？」

　おやつ後の遊び時間、４年生のよしお、ひろき、りゅうた、こうすけが、満面の笑顔と皿とはしをひっさげて、室内から飛び出してきました。

　そして、「せんせー！」と大声で叫びながら近寄ってくるのです。見ると、皿の中には細いえんどうのような物（小学校のどこかにはえていたらしい）の炒め物が……。何かなと思って１つ食べてみると、豆っぽい味がします。かすかな苦味と塩味がきいて、まずくはないような気もします。「塩味がきいておいしいね」と言うと、こうすけが「ビールが一杯ほしいねぇ」と調子を合わせます。「でも、食べて大丈夫なん？」と聞くと、「うぅ～」とうなりながらわざと倒れてみせる４人です。そして、よしおが「これ、本当に食べても大丈夫な草なんよ」と太鼓判を押すのでした。彼らが、室内できちんと調べた上での調理だったようです。

　結局、みんなで最後の塩まですくいとり、明日も何やら「男の料理」に挑戦しようと相談しているのでした。

</td></tr>
</table>

　上の二つは、いずれも実践者が心揺らいだ子どもたちの出来事である。左は入所２か月

時点でおやつ準備を自ら買って出てくれた1年生たちの姿に実践者は頼もしさを感じながら、入所間もない子どもたちが新しい人間関係を築き、学童保育所でやりたいことも増やしている姿を保護者に伝えたかったのではないだろうか。右は「男の料理」と称してユーモアのあるやりとりをする4年生たちに面白さを感じながら、ちょっとしたことから次の遊びへと発展できる子どもたちの姿を保護者に伝えたかったのではないだろうか。

　両方とも子どもたちの学童保育所での様子や子ども同士の関係などがよく伝わってくるとともに、上述にあった実践者が保護者へ「伝えたい意味（メッセージ）」も伝わってくる。そのため、この学童保育所で実践者たちが何を大切にしようとしているのか、どのような眼（まなざし）で子どもの姿や子どもたちの活動をとらえているのか、ということも同時に伝わってくる。これらが、通信として発行されることで、通信に登場するそれぞれの子どもの保護者だけでなく、学童保育所の保護者全体に日常的な子どもの状況＋実践者たちのメッセージを発信できるという有効性がある。

　しかし、通信は口頭での伝達以上に文字で言語化されているため、よりいっそうの注意が必要となる。例えば、下のAとBの二つの記事を見てもらいたい。この記事は、異年齢の子どもたちで「氷おに」をして遊んでいる様子を、ちょうど二人の実践者が見ており、それぞれに通信の記事として書いてきたものである。

A：『ぽっかぽかな氷おに』	B：『礼儀正しいなぁ〜』
5年生から1年生まで8人の子どもたちが「氷おに」をしています。オニにあたると氷になって固まってしまうので、あたらないようにしていました。上級生たちは、下級生のこともやさしく気づかいながら、「氷」になっている下級生を助けてあげたり、いっぱいオニになってあげたり……。上級生たちの優しさがにじみ出るかのようなぽっかぽかな雰囲気で、「氷おに」なのに氷も解けそうで、下級生たちも笑顔いっぱいです。本当に楽しそうに遊んでいました。	5年生のまきちゃんは1・2年生たちと「氷おに」をして遊んでいました。ところが、この「氷おに」が「？？？」なんです。というのも、なぜか上級生のまきちゃんがオニになる回数ダントツ！　はじめは下級生を気づかってのことかなとも思ったのですが、どうもそんな感じではありません……。そんなとき、ナゾが解決！　「氷」から助けてもらう度に、その場で助けてくれた人に「ありがとうね！」と頭を下げるまきちゃん、そこにオニがタッチ！　まきちゃんはどこでも礼儀正しいなぁ。

　さて、このAとBの記事のどちらかを通信へ掲載するとしたら、どちらを選択するだろうか。

　ここで、まず注意したいのは通信の発行頻度である。月1〜2回しか発行していない場合には、Bのように個別の子どもに焦点を当てて具体的な出来事として伝えると、読み手である保護者から「ほかの子どもは？」「どうしてまきちゃんだけ？」という疑念を抱かれかねない（もちろん、全体の子どもの数や1回の発行時の記事の量にもよるが）。その

ため、ある程度の集団単位で一つの記事に複数の子どもたちの姿が描かれているほうが適当な場合が多い。しかし、そのために固有名詞が登場しにくくなり、また全体的な描写となるためぼんやりしたイメージを与えざるを得なくなってしまう。なお、Aの記事の後半には、「ぽっかぽか」「氷も解けそう」など比喩的な表現が多く、ぼんやりしたイメージをますます強めてしまっている点も指摘しておきたい。

　一方のBの記事は、個別の子どもに焦点が当てられているので、具体的で遊びの様子がイメージしやすくなっている。子どもの人数規模にもよるが週に1～2回の発行で、こうした具体的な記事が登場する子どもに偏りなく掲載されていると、保護者に伝わりやすいのではないだろうか。ただし、まきちゃんが「礼儀正しい」と意味づけて文字化する際には注意が必要となる。仮に、彼女の自己承認欲求の高さからこのような立ち振る舞いが無理な行為としてあらわれているとすれば、逆に無理をしなくてもよい彼女の姿を学童保育所で見せられるようになってほしいものである。この記事が多くの保護者や子どもに共有されることで、彼女がますます「礼儀正しい」という無理を強いられることにならないような配慮が必要である。通信にはこうした影響力もあるため、実践者の意味づけや文字化には、十分な注意を払っていきたい。

　このように通信で発信する記事については、学童保育所内の複数の実践者たちによって、上述のような懸念がないだろうか、伝えたいメッセージと異なった伝わり方はしていないだろうかと、多面的・複眼的な吟味と検討をするべきである。この際には、「（読み手となる）保護者の目」や「子どもの目」のレンズが求められるだろう。

　このように述べてしまうと、子どもたちの日常的な状況を通信で伝えることに難しさや不安感を抱かせてしまうかもしれない。しかし、実践記録と同様に子どもたちの様子を言語化して文字に表すことは、実践者としての専門的な力量の向上につながるのである。さらに、実践記録が個人または実践者集団の中で共有され、検討・改善されていくように、通信も保護者集団の中で共有され、検討・改善されていく。つまり、実践者たちの子どもを見る眼（まなざし）や実践の方向性を可視化して、保護者たちからの了解・承認を常に確かめていくためにも、通信は重要な役割を果たしているのである。保護者へ伝達するための方法であると同時に、このような意味合いがあることを確認しておきたい。

　「学童保育所でせっかく見せてくれた子どもたちの姿を、自分の中だけでしまっておくのはもったいない」という思いから通信を書き続けているベテランの実践者もいる。文字等で残るものとして発行し、多くの保護者と共有することに、リスクは避けられないかもしれない。しかし、いつの時代でもナラティブに子どもの様子や実践を語り、文字にして共有することは、学童保育実践者にとって欠かせない営みである。それができないことをもったいないと思えるまで、通信の発行が習慣として形成されている実践者は、まさにプロそのものである。

第4章　物語としての学童保育実践　101

＜註釈vii＞

　磯部裕子・山内紀幸『幼児教育　知の探究1　ナラティブとしての保育学』（2007年、萌文書林）では、物語（ナラティブ）としての保育について精緻に論じられている。磯部は、「保育という臨床は、言葉によって構造化されている。言葉によって物語ることで、われわれは〈保育〉を理解している。つまり、われわれが理解している〈保育〉は、語られたこと—物語—によってまとめ上げられたものに過ぎない」と、序章の冒頭から論じている（1ページ）。そして、「物語は時間を軸に『言葉』によって算出されるひとつの意味世界である」として、「教育」や「保育」が時間を軸とした他者の変容にかかわる「物語」ということができるとも論じている（2ページ）。

＜註釈viii＞

　学童保育指導員研修テキスト編集委員会『学童保育指導員のための研修テキスト』（2013年、かもがわ出版）において、筆者による図（192ページ）を引用した。また、『コミュニケーション実践入門—コミュニケーション力に磨きをかける』（2015年、かもがわ出版）の28ページにも同様の図を用いている。この図に修正を加えたものである。

第 5 章

学童保育における評価

1 学童保育実践の評価とアセスメント

学童保育実践の評価とは

　第1章では、学童保育の質に関して五つの諸側面を提起した上で、学童保育現場を担う実践者たちが学童保育の質を直接的に高めるためには、実践の質（スタッフと実践の質・育ちと関係の質）を高めることが必要であると述べてきた。それを受けて第2章と第3章では、実践の質を高めるために必要な実践の記録と実践検討について方法論も交えて述べてきた。第4章では、実践記録や実践検討にもつながることとして、学童保育での実践や子どもたちのさまざまな姿を物語としてとらえていく重要性や物語を保護者と共有するための方法（特に通信を中心として）について述べてきた。

　これらの内容をふまえて、この新しい時代の学童保育実践の質を高めるという視座に改めて立ったとき、どうしても必要になってくるのが「評価」である。ＰＤＳＡサイクルにもあったように、実践したことを検討（STUDY）し改善（ACT）する過程において評価は欠かすことができない。しかしながら、学童保育実践の評価となると、これまでもどこか避けられてきた感が否めない。さらに言えば、本書ではあまり触れていないが、学童保育計画のような計画についても同様ではないだろうか。その理由として、以下のような点が考えられる。

　第1に、学童保育において実践者と子どもは、人間的に対等であるため、上意下達に何らかの目的にはめ込んでその結果を評価するものではないという理由が挙げられる。第2に、第1章でも言及したとおり、学童保育では一人ひとりの子どもが主体者であり、そこには「○○させる」という作用が働くのではなく、自らの意思による「○○したい」が端緒となる。つまり、子どもの意思によって始まることに実践者の評価はそぐわないという理由が挙げられる。第3に、学童保育は生活と遊びが中軸になっているため、その中で実践者が計画や評価をしようとした時点で生活と遊びの中にある多様性が失われてしまうという理由が挙げられる。

　もちろんこの限りではないが、主にこの三つの理由によって学童保育における計画や評価が避けられてしまう傾向にあるのではないだろうか。しかし、それでは学童保育実践の質を評価し、改善していくことはできない。そこで、上述の三つの理由について批判的に言及するならば以下のようになる。

　まず、第1の実践者と子どもの対等な人間関係については、対等であることは自明として、対等であってもお互いを評価することはできる（友人関係などが良い例になる）。問題は、対等だから評価してはいけないのではなく、上意下達な目標設定やそれに伴う評価

であってはならないという点ではないだろうか。

　これは、第2の理由にも関連づけられる。主体的に子どもが自らの意思で何かをすることが前提であり、それができるような働きかけや環境構成が実践者に求められるのであれば、何かをさせることができたかどうかという評価ではなく、主体的にできているかどうかという主体性そのものの評価に取り組むべきではないだろうか。

　また、第3の理由では、最も乳幼児保育や学童保育における目標や計画の設定及び評価にとって重要な課題だと考えられる。生活と遊びの場ゆえの多様性が制限されてしまうことは、保育の世界にとって大きな損失となる。実践者は、常にこのジレンマを抱えながら、プロとして保育実践の世界へ飛び込まなければならない。そして、この多様性に価値を置きながらも、放置・放任ではなく、あくまで目的意識的に実践するために、そこでの目標や計画は多様かつ柔軟な枠組みの中で設定することが求められ、評価もまた同様でなければならない。しかし、この多様さや柔軟さは抽象的で曖昧なものになってしまうという危惧も否めない。

学童保育実践をアセスメントする

　そこで本章では、いくつかの評価のあり方を提起しておきたい。まずは、第1章で言及したように、子どもが安心して居心地よく過ごすことができているかどうかを評価するための評価のあり方である。子どもの能力がいかに高められたのかという能力レベルの評価ではなく、子どもがどのように学童保育所で存在しているのかという実存レベルの評価について提起したい。次に、子どもが生活と遊びの場においてさまざまな能力を形成している点についての評価のあり方である。このさまざまな能力については、学童保育が新しい時代を迎え始めた近年、保育や教育の領域で「非認知能力」という概念が注目され始めていることから、この非認知能力を手がかりに評価のあり方を提起したい。そして、学童保育そのものがこれまで述べてきたことも含めて、事業体としての各種の職務や取り組みができているのか（できていないのか）を評価するための指標・項目についても提起しておきたい。なお、この指標・項目に関しては、今後、乳幼児保育のように第三者評価などが導入されることも視野に入れている。

　なお、特に上の2点（実存レベルの評価と多様な能力形成の評価）に関しては、「評価」という言葉が定量的なイメージをどうしても与えてしまいがちであるため「アセスメント（assessment）」という表記に置き換えていきたい。アセスメントとは、対象者を外側から客観的に評価するだけでなく、対象者の内面世界に対する共感的理解や実践者がとらえた主観的な姿及び実践での相互作用も取り入れながら、対象者の状態や実践の現状を的確に評価することを意味している。アセスメントによって、実践者は外側から評価するだけでなく、当事者の一人として内側に入り対象者の状態を評価することで自身の実践そのも

のも評価していける。

　ところで、ここでくれぐれも注意しておきたいのは、対象者である子どものアセスメントは、あくまでも実践者自身または実践者集団の実践を評価し、改善するために行っているということである。第１章でも述べたように、プロの実践者である以上、子どもの実態と自らの実践とは重ねておかなければならない。例えば、一定期間の実践を経た後で、子どもがあらかじめ設定していた目標に到達できていなかったとしても、それを決して「子どものせい」にしてはならない。自らの実践に何が不足していたのか、さらにいえば目標設定そのものが子どもの現状や要求と齟齬があったのではないか、などと実践者へ返していく必要がある。したがって、常に実践の評価・改善（学童保育実践の質の向上）のために、子どものアセスメントがあるのだということを念頭に置いておかなければならない。まさに、第１章の【表１－01】で示した「育ちと関係の質」と「スタッフと実践の質」とが相互に関連し合った質を意味することになる。

　こうした考え方を前提として、アセスメントや第２章で提起した記録（ドキュメンテーション）を交え、ＰＤＳＡサイクルを十全に回そうとしたとき、ＤとＡに二つの意味を持たせて、さらに細分化できると考えられる。

　【図５－01】を参照してもらいたい。一場面や短期的、また中期的な実践期間の中で、実践を目的意識的な働きかけとして成立させるためには、実践に関する目標・方針・計画をまずは設定しなければならない（PLAN）。このとき、子ども（たち）には「どうなっ

【図５－01：ＤとＡに二重の意味を持たせたＰＤＳＡサイクル】

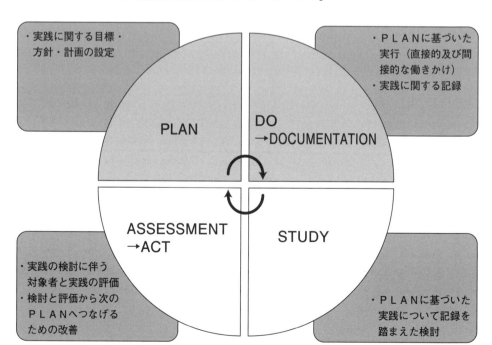

てほしいのか」という目標ができるため、「どうなっていたら」目標に到達したといえるのか、を同時に言語化しておく必要がある。後述するが、この言語化を本章では「評価指標」としている。次に、PLANに基づいて実行し（DO）、第2章で述べたように、実行した内容をそのままにしておくのではなく、省察のために記録へ残しておく（DOCUMENTATION）。そして、この記録をもとに、第3章で紹介した実践の検討（STUDY）と改善（ACT）へと歩みを進めることになる。ここで、実践者の到達したい目標として、子どもがどうなったのかについてもふり返るのである（ASSESMENT）。

あらかじめPLANの段階で設定した評価指標に基づいて、実践後または実践中の子どもの実態を明らかにした上で、上述の通り自らの実践がどうだったのかについて評価・改善して、次なるPLANへとつなげていく。つまり、子どものアセスメントは実践者の実践そのものの改善へつなげるために必要な教材・指針であり、単に子どもを評価するだけにとどまっていてはならないという点を強調しておきたい。

安心して過ごせているかどうかのアセスメント

アセスメントのあり方を提起するにあたって、まずは運営指針の第1章総則（下線は引用者）より再確認しておきたい。というのも、目指すべき方向性がなければ、子どもの実態や実践者の実践をアセスメントすることはできないからであり、現時点で学童保育実践者が目指すべき方向性の拠り所となるのは運営指針だからである。

放課後児童クラブ運営指針　第1章　総則
3．放課後児童クラブにおける育成支援の基本
（1）放課後児童クラブにおける育成支援
放課後児童クラブにおける育成支援は、子どもが安心して過ごせる生活の場としてふさわしい環境を整え、安全面に配慮しながら子どもが自ら危険を回避できるようにしていくとともに、子どもの発達段階に応じた主体的な遊びや生活が可能となるように、自主性、社会性及び創造性の向上、基本的な生活習慣の確立等により、子どもの健全な育成を図ることを目的とする。

このなかで着目したいのが下線部の2点である。まず、「　下線部　」について考えていきたい。「子どもが安心して過ごせる生活の場としてふさわしい環境を整え」ることが、実践者にできているかどうかのアセスメントは、必然的に子どもが「安心して過ごせ」ているかどうかのアセスメントになってくる。その上で、できていなければどのような（人的または物的な）環境を整えればよいのか、できているならばなぜできているのか、今後よりよくすることはできないか、といった検討や改善につなげていくこととなる。したがって、子どもの実態のアセスメントは必然であり、それぞれの実践者たちによる恣意的（または感覚的）なアセスメントであってはならない。恣意的（または感覚的）にならな

いためにも実践者たちは「子どもが安心して過ごせる生活の場」とはどのような場なのか、子どもたちがどうなっていればそのような場になっているといえるのかということを、あらかじめ丁寧に検討しておかなければならない。そうでなければ、「安心」という定義は人によってさまざま、ということになりかねないからである。同一空間においてチームで実践する実践者集団であればあるほど、この定義の共通化は必須であり、さらにそこからチームで共有すべき目標や方針の設定とアセスメントのための指標を明らかにしておく。これらを共有することで、実践者集団は、複眼的かつ多面的に子どもの姿をとらえていくわけである。もちろん、一度共有された定義や指標などは、子どもの状況や実践の中で柔軟に変更されていくことがあり、それもまたＰＤＳＡサイクルに組み込まれる。

　ここで、上述の考え方を「安心して過ごせる生活の場」を例に【図５－０２】の通り示しておきたい。

【図５－０２：アセスメントのための指標作成までのプロセス】

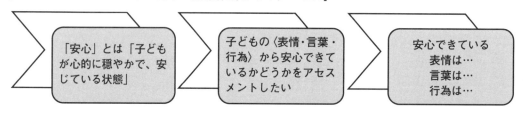

　上図のように、学童保育所内で「安心」について定義を共通化した上で、次の段階として子どもが表出する何に基づいてアセスメントすればよいかを検討する。その結果、ここでは子どもの＜表情・言葉・行為＞が挙げられた。すると、さらに次の段階としては先ほどの共通化した定義をふまえて、どのような＜表情・言葉・行為＞が安心をあらわしていることになるのかを検討する必要がある。この場合、【表５－０１】のような例を挙げることができるだろう。

【表５－０１：子どもの安心をアセスメントするための指標例】

観点			アセスメント指標
安心できている	表情	穏やかな表情を浮かべている	①穏やかな表情を浮かべている ②さらに、笑顔などのポジティブな表情も浮かべている ③不安な表情や険しい表情に注意
	言葉	安んじて言いたい言葉を発している	①無理なく自分の言いたいことが言えている ②特に、「ＮＯ」や「○○やりたい」などが言えている ③不安をあらわす言葉や乱暴な言葉に注意
	行為	安んじてやりたい行為をしている	①無理なく自分のやりたいことができている ②特に、休息や気晴らしなどができている ③不安をあらわす行為や乱暴な行為に注意

この表のように、＜表情・言葉・行為＞を各観点とした上で、それぞれにおける指標を具体的に設定していけばよい。ここで、先ほど定義した「穏やか」「安んじる」といった言葉がキーワードとなってくる。また、具体的な指標の中には①を基本としながら、さらに着目したい②の指標や逆に注意が必要となってくる③の指標などを言語化して、実践者間で共有しておけば、アセスメントがしやすいだけでなく、前章のように実践中の誰のどこへ観点を持てばよいかも明確になってくるだろう。なお、この指標には特定の正解があるわけではない（正解が多様にある）ため、実践事例の検討などと同様に集団的に議論し、言葉として共有しておくことが重要である。

子どもに育みたい非認知能力

　次に、「　波線部　」について考えていくこととする。これまで、一部の実践者の中には、「学童保育は、ただ安全だけを見守っていればいい」といった認識があったかもしれない。もちろん、本来的に「安全を見守る」ということは高度な専門性が要求されるわけだが、ここでは「子どもの発達を特に支援する必要はない」という認識のことである。ところが、運営指針によってこの認識は抜本的に改めなければならなくなった。それは、まさにこの「自主性、社会性及び創造性の向上」という文言に象徴されている。つまり、学童保育所では一人ひとりの子どもが日常的に学童保育所へ通う中で、実践者の学童保育（育成支援）実践を通じて自主性・社会性・創造性を向上させていくことが求められるのである。そうなると、ここでも各学童保育所において一人ひとりの子どもの自主性・社会性・創造性がどのように向上できたのかのアセスメントに取り組む必要が出てくる。

　ところで、近年では運営指針で明記された自主性・社会性・創造性などを「非認知能力」と総称されるようになった。いわゆる「学力」のように数値化することが困難な能力である。ちなみに、学力などの数値化しやすい能力は「認知能力」と呼ばれている。また、非認知能力にはコミュニケーション能力なども該当しており、さまざまな状況や文脈によって能力の発揮の内実が変わりやすい文脈依存的な能力といえる（文脈依存的だからこそ定量的に測定しにくい能力でもある）。言葉としては、まだ聞き慣れないかもしれないが、実際には文部省（当時）が掲げた「生きる力（1996年）」や内閣府による「人間力（2003年）」、経済産業省による「社会人基礎力（2006年）」などは、いずれも非認知能力に該当してくる。つまり、学力だけでない力としてこれまで位置づけられてきた能力の総称ということになる。

　ちなみに、この非認知能力はノーベル経済学賞を受けたジェームズ.Ｊ.ヘックマンが火付け役となり、先進国を中心に注目されている。2015年にはＯＥＣＤ（経済協力開発機構）が「社会情動的スキル（Social and Emotional Skills）」という非認知能力を提起したことから、同年には乳幼児保育の分野で「保育内容　人間関係」との関連性を論じられるよ

うにもなった。たしかに、非認知能力という全人的な能力ならば学校教育以外の、例えば正課外活動などでも大いに育むことができるだろう。さらに言えば、家庭や地域、そして保育所・認定こども園や学童保育所においても、同様のことがいえるだろう＜註釈ix＞。

　したがって、学童保育に関しては、とりわけ運営指針で明示された自主性・社会性・創造性という非認知能力の向上を実践上で目指していきたいところである。しかしながら、これらをアセスメントするとなると、定量的評価が困難な非認知能力ゆえの課題が生じてくる。定量的評価ではない方法で取り組めばよいのであるが、その方法については現在もなお教育・保育分野で模索され続けている。

　そのなかでも、近年主流となってきている非認知能力の評価方法の一つが「パフォーマンス評価」である。これは、実践目標（育みたい力）から評価指標を設定し、子どものパフォーマンス（表出した言動）を抽出してアセスメントする方法である。考え方としては、先ほどの「安心」のアセスメントと類似しているが、さらにこの評価指標を段階（レベル）化して表にした「ルーブリック評価」などは学校教育現場でも多用され始めている＜註釈x＞。このようなアセスメントの方法も援用しながら、学童保育現場で活用できる方法とその実際例を紹介しておきたい。

子どもに育みたい力をアセスメントするために

　まず、学童保育所で子どもに育みたい力であるが、上述の通り我が国のナショナルスタンダードとしては自主性・社会性・創造性という三つの非認知能力がある。これらをこのまま子どもに育みたい力として位置づけることもできるが、学童保育所の中ですでにそれぞれ独自の保育目標（ここでは年間目標などの長期的な目標とする）が設定されている場合もあるだろう。もし、現時点で保育目標が設定されていない場合には、自主性・社会性・創造性に基づいた各学童保育所における保育目標の言語化を進めてもらいたい（もちろん、そのまま上述の三つを設定してもよい）。一方、すでに保育目標が設定されている学童保育所については、自主性・社会性・創造性との整合性を検討してみるとよいのではないだろうか。

　例えば、学童保育のアセスメントに先進的に取り組んでいる岡山県岡山市の民間学童保育所Ａ.Ｍ.Ｉ学童保育センター（以下、ＡＭＩ）の例を紹介しておきたい。

	ＡＭＩでの保育目標	運営指針との整合性
Ⅰ	人とつながる力	社会性 ＞ 自主性・創造性
Ⅱ	課題を解決する力	創造性 ＞ 自主性・社会性
Ⅲ	将来に向かう力	自主性 ＞ 創造性・社会性

　ＡＭＩのように既存の保育目標と運営指針との整合性を検討しておくことで、ナショナルスタンダードとの比較から学童保育所の既存の保育目標が明らかになるとともに、それ

それどのような位置づけにあるのかを説明することもできる。もちろん、非認知能力であれば紋切り型に当てはめていくことは難しい。ここでも、「人とつながる力」は大きくは社会性と一致するが、自主性と創造性も含まれているなどと不等号を用いて表記している。

　次に、保育目標の段階のままでは、まだ抽象的で漠然としているため、日常の子どもの姿からアセスメントするのは困難である。そこで、先ほどの「安心」のアセスメントと同様に評価指標を作成していかなければならない。ちなみに、ＡＭＩでは、それぞれの「保育目標＝育てたい力」に対してどのようなこと（どのような姿を見ること）ができたとき、該当する力が育ったといえるのか（＝構成要素）を実践者集団で出し合い、重なっている項目は一元化したり、求めすぎている項目などは除外したりと検討・整理に取り組んだ。その結果、【表5－02】のようなアセスメントシートが出来上がることとなった。参照してもらいたい。

【表5－02：Ａ.Ｍ.Ｉ学童保育センターのアセスメントシート】

年度		学年：　　　年生	氏名：
育てたい力		○月　〜　△月	
I 人とつながる力	①周りの友だちに関心を持ち関わることができる		
	②友だちと話し合い、折り合いをつけることができる		
	③仲間に頼ったり、頼られたりすることができる		
II 課題を解決する力	①いろいろな課題に挑戦し、実行することができる		
	②課題解決のための計画や方法を考えることができる		
	③失敗しても次に向かっていくことができる		
III 将来に向かう力	①基本的な生活習慣を身に付けることができる		
	②自分の思いや考えを伝えることができる		
	③自分の感情をコントロールすることができる		

　このように、「保育目標＝育てたい力」から「構成要素＝何ができるようになったのか（なってほしいのか）」へとチャンクダウン（抽象度を下げて具体化すること）できれば、目標がますます明確になるため、一人ひとりの子どもへの焦点の当て方、実践のあり方も明確になり、アセスメントできるというプラスのサイクルを生み出せるわけである。非認

知能力は子どもの能力を多様なものとしてとらえられるという利点がある一方で、個々の実践者のとらえ方の曖昧さをつくり出してしまいかねない。だからこそ、実践者たちが「保育目標→構成要素→評価指標」の過程で、言語化でき、整理でき、共有できるようになればよい。

　また、自主性・社会性・創造性をそのまま保育目標としたとき、どのような構成要素が浮かび上がってくるだろうか。自主性を例にして【図5−03】に示したので、参照してもらいたい。

【図5−03：自主性の構成要素例】

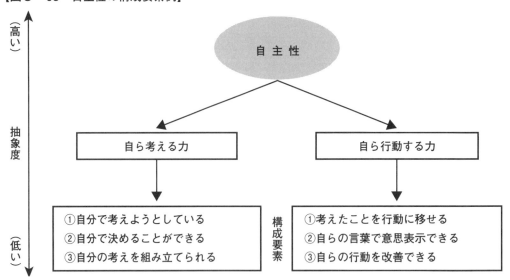

　上図のように、自主性を「自ら考える力」と「自ら行動する力」として抽象度を下げ（チャンクダウン）、さらにこれらの二つの力を育めているとき、子どもにどのようなことができているのかを構成要素として抽出するとそれぞれ①〜③を挙げられた。したがって、これら計六つの構成要素を評価指標にすることができる。これは、あくまでも例示であり各学童保育所に合わせて検討してもらいたいが、何よりもここに到るまでの実践者同士による検討過程こそが重要であると確認しておきたい。

アセスメントの実際

　なお、ＡＭＩでは【表5−02】をもとにして、4月〜8月、9月〜3月の年度内2回に分けて一人ひとりの子どものアセスメントを行っている。

　そのためにも実践者たちは日常的に一人ひとりの子どものエピソードを出し合い、個人記録等に蓄積している。そして、それぞれの期間中に構成要素ごとにまとめていき、【表5−03】のようなアセスメントシートとして完成させていくことになる。

　さらに、このアセスメントシートは各保護者と共有して、学童保育所での子どもの状態

【表5−03：ＡＭＩでのナラティブ・アセスメント例】

2015年4〜8月	学年：2年生	氏名：　中野まなぶ
育てたい力	4月　〜　8月	

	育てたい力	4月　〜　8月
Ⅰ　人とつながる力	①周りの友だちに関心を持ち関わることができる	1年生の頃は、まだ1人でブロックなどをして遊ぶことが多かったまなぶ君ですが、まわりの友だち（特に下級生）が「よせて」と言ってくると、受け入れてあげて一緒にブロック遊びができるようになってきました。夏休みに入ると、班での食事づくりも自分から班のみんなの中に入っていって、一緒につくることができるようになりました。
	②友だちと話し合い、折り合いをつけることができる	5月頃までは、ブロック遊びで自分の使いたいブロックをほかの友だちが使おうとすると、使いたそうにそれを見ていました。中々「使わせてほしい」ということが言えないまま別なブロックを使っていました。それから、次第に下級生には言えるようになってきたのですが、同級生以上の友だちにはまだ少し言いにくそうにしている状況です。
	③仲間に頼ったり、頼られたりすることができる	夏休み前には、ブロック遊びで1年生に「ブロック恐竜」の作り方を教えてあげる姿も見られ、2年生としての頼もしさを感じました。夏休みになって、上級生たちと一緒に活動することが増えると、いままでは上級生が助けてくれるまでじっとしていることが多かったのが、自分から「教えて」「どうやるん？」などと尋ねることができるようになってきました。

【表5−04：レベル化した上でのナラティブ・アセスメント例】

	【レベル1】思いはあるができない	【レベル2】誰かの援助があればできる	【レベル3】自分1人でもできる
興味を持ったことに飛び込む	まきが『私はこれ（お絵描き）するから』とあすかの誘いを断る。『え〜何でよ？』と言うも、その場を離れ1人でお手玉をして遊ぶ。しかし、様子が気になるようで何度もわかの隣に行き話しかけ邪魔をする。指導員も『入ったら？』と声をかけるが『いい！』とその場を離れてしまう。	大縄跳びに興味を持つまきがあすかを誘う。『他の遊びしようよ』と1度は断るもまきのやりたい！に応じた。前回よりも長くこの遊びに入るようになる。	豆まきに向け鬼のお面作りを他の子がしていた。鬼役には立候補しなかったものの、豆まきに向け何かやりたいと言ってきた。『鬼は外、福は内って言って福の神もいるよ』と指導員が話すと『福の神を描きたい』と、絵を描きだした。

や成長・変化を知ってもらうことで、保護者に安心感を持ってもらうとともに、ＡＭＩの方針や実践者の実践内容についての理解も図っている。このように、評価指標をレベル化するのではなく、ナラティブなものとしてアセスメントすることを「ナラティブ・アセスメント」と呼ぶ。

　また、上述のナラティブ・アセスメント以外にも、評価指標ごとにレベル化をした上でそれぞれの項目での子どもの姿をナラティブに書き出していくという方法も考えられる。【表5−04】は、学童保育実践者と研究者が共同して継続的に取り組んでいる「学童保育ラボ・実践力研究室」の中で作成された一例である＜註釈ⅺ＞。

さまざまなレベルに分けることができるが、この表にある例では、「思いはあるができない」「誰かの援助があればできる」「自分一人でもできる」の３段階に分けて、表出する言動を各レベルに当てはめていく。こうすることで、同じ評価指標の中でも、現時点でより自分の力でできていることは何か、できていないことは何か、どのような場面（関係性）ならできるのか、などをアセスメントすることが可能となる。

　さらに、レベル化するなかでナラティブに書き出していくのではなく、○○のようなことができていればどのレベルに位置付けられるのかをあらかじめ項目にしておき、「○・△・×」などでアセスメントするような方法も可能である。【表５−05】を参照してもらいたい。

【表５−05：それぞれの指標を項目としてレベル化したアセスメント例】

目標	指標	Lv.1	Lv.2	Lv.3	Lv.4	Lv.5
Ⅰ 課題解決力	いろいろな課題に挑戦し、実行することができる	○ 身の周りの課題に気づくことができる	○ その課題にさらに関心を寄せることができる	○ 課題を解決しようと意欲を持つことができる	△ 課題解決の方法を模索することができる	× 実際に課題解決に向けて実行することができる

　この表のようにすることで、アセスメント自体は簡略化できるが、各レベルに適した項目を設定する過程にはかなりの時間と労力を要することになるだろう。また、ナラティブ・アセスメント以上に個々の子どもの発達段階に応じた設定が求められることも注意しておきたい点である。

　ここまで紹介した３種類のアセスメント例については、どの方法が最も適しているといえるものではない。アセスメントするための目的や期間によっても異なるであろうし、各方法について改善の余地もあるだろう。ただし、ここで重要視したいのは、どの方法がよいのかということではなく、目標に応じた子どもの姿のアセスメントをより具体的にできるための方法がこれからは求められるかもしれないということである。そして、そのためには目標も構成要素（評価指標）も言語化できていることが前提となる。

　「（学童保育所で）子どもが育った」「○○さん、たくましくなった」といった漠然とした表現から脱却し、子どもの何がどのように育ったのか、○○さんのどういう姿からどれだけのたくましさを感じられたのかを的確にアセスメントできるようになれば、我が子を託す保護者の安心感と信頼感もますます高まっていくのではないだろうか。そして何よりも、このようなアセスメントが日常的な実践の質を高められることはいうまでもない。

② 学童保育の評価試案

学童保育を評価する時代へ

本章では、学童保育における評価について一貫して述べてきた。特に、子どもの姿から実践をアセスメントする方法に力点を置き、実践の質的向上へつなげられるような提起をしてきた。このアセスメントによって、実践者だからこそできる学童保育の質的向上のための一助にしてもらいたい。最後に、学童保育実践から視野を拡げ、学童保育全体を評価するための方法についても提起して本章の締めくくりとする。上述したように、乳幼児保育の分野では、すでに第三者評価が浸透している。また、運営指針（下線部は引用者）でも運営内容の評価と改善について明記されていることは看過できない。

放課後児童クラブ運営指針　第7章　職場倫理及び事業内容の向上

３．事業内容向上への取り組み

（３）運営内容の評価と改善

○放課後児童クラブの運営主体は、その運営の内容について<u>自己評価を行い</u>、その結果を公表するように努める。評価を行う際には、<u>子どもや保護者の意見を取り入れて行う</u>ことが求められる。

○評価の結果については、職員間で共有し、<u>改善の方向性を検討して</u>事業内容の向上に生かす。

このような評価についても新しい時代の学童保育では必要となってきており、自治体レベルですでに取り組み始めているところもある。それでは、どのような評価指標を設けて評価すればよいのだろうか。この評価についても、先ほどのアセスメントのように目指すべき姿から具体的な評価項目を設定していくことができる。そして、現在では目指すべき姿として設備運営基準や運営指針がある（目指すべき姿というより、基本となる姿というべきかもしれないが）。次にある「運営指針に基づいた学童保育評価シート」は、具体的な評価項目として想定できるものをまとめた上で、実際の評価シートとして活用できるようにしたので、活用してもらいたい。評価欄については、一定レベルできていたら○、十分にできていない場合は△、まったくできていない場合は×などと記入してもらいたい（もちろん、Ａ・Ｂ・Ｃや10点満点の評価でもよい）。

なお、まだまだ自治体ごとにさまざまな差異があるため、項目だけにとどめて細かな内実にまでは踏み込んでいない。あくまで一例として参照してもらうとともに、できれば各自治体版や各事業体版へ改変してもらえることを期待している。

第5章　学童保育における評価　115

運営指針に基づいた学童保育評価シート

領　域	No.	評　価　項　目	評価
1）学童保育実践に関する領域	①	年間の見通しを持った実践ができるために、学童保育の長期的な目標・計画を作成していますか？	
	②	一定期間の見通しを持った実践ができるために、学童保育の中期的な目標・計画を作成していますか？	
	③	子どもたちの日常的な活動内容について記録していますか？	
	④	個々の子どもの日常的な状況について記録していますか？	
	⑤	実践者が子どもに働きかけた実践事例について定期的かつ継続的に記録していますか？	
	⑥	職員間の日常的な情報交換や情報共有をするためのミーティングを開催するとともに、ミーティングの内容を記録に残していますか？	
	⑦	職員間が実践記録を共有して実践事例の検討を行っていますか？	
	⑧	職場内での研修・教育訓練の実施や外部講師による研修を行っていますか？	
	⑨	職場外での研修・実践検討会・教育訓練等へ参加していますか？	
2）子どもの健康・安全・衛生に関する領域	①	日常的な子どもの出欠席確認は、専用のフォーマットを用いて来所時に必ず行っていますか？	
	②	子どもの出欠席についてあらかじめ保護者からの連絡を確認していますか？	
	③	連絡なく欠席したり来所が遅れたりした子どもについて、速やかに保護者に状況を確認して適切に対応していますか？	
	④	日常的に適切な量と質のおやつを適切な時間帯に提供していますか？	
	⑤	日常的に使用する設備、食器等や飲食物の衛生管理を図っていますか？	
	⑥	保健所との連携や情報提供のもと、予め感染症等の発生時の対応方針を定めていますか？	
	⑦	事故やケガを防止するために、室内及び屋外の安全性について毎日点検していますか？	
	⑧	事故やケガの防止に向けた対策や発生時の対応に関するマニュアルを作成していますか？	
	⑨	賠償すべき事故が発生した場合に損害賠償を速やかに行うため、損害賠償保険に加入していますか？	
	⑩	事故等により、子どもがケガをした場合に備え、学童保育所で損害保険等に加入していますか？	
	⑪	災害等発生に備えて具体的な計画やマニュアルを作成していますか？	
	⑫	災害等が発生した際の対応について、緊急時の連絡体制を整備していますか？	
	⑬	火災・不審者・地震などの避難訓練を偏ることなく定期的に行っていますか？	
	⑭	来所・帰宅時の安全確保のためのチェックリストを作成し、定期的な点検を行っていますか？	

領　域	No.	評　価　項　目	評価
3）保護者との連携に関する領域	①	保護者との信頼関係を築くことに努め、保護者が相談しやすい雰囲気づくりを心がけていますか？	
	②	保護者から相談がある場合、保護者の気持ちを受け止め、相互の信頼関係を基本に保護者の自己決定を尊重して対応していますか？（ただし、理不尽な要求や相談は除く）	
	③	個々の子どもの日常的な状況を保護者に伝え、家庭と学童保育所で情報を共有していますか？	
	④	子どもたちの状況や実践の方針等について通信や保護者会を活用して定期的かつ同時に保護者に伝えていますか？	
	⑤	学童保育所の運営内容について保護者へ積極的に情報提供を行っていますか？	
4）利用・受入に関する領域	①	新1年生を4月1日（年度当初）から受け入れていますか？	
	②	利用募集に際して、適切な時期に様々な機会を活用して広く周知を図っていますか？	
	③	募集開始に際して、説明会等を開催し、利用に関する決まり等について予め説明していますか？	
	④	入会募集申込の締切を過ぎてから申込があった場合でも、申込を受け付けていますか？	
	⑤	継続的な利用の場合、年度途中からの入会も認めていますか？	
5）会計管理に関する領域	①	職員、財産、収支及び利用者の状況を明らかにする帳簿を整備していますか？	
	②	保護者負担金等の徴収や管理及び運営費の執行に当たって、定期的な検査や決算報告を行っていますか？	
	③	必要に応じて、会計処理や運営状況に関する情報を保護者や地域社会に向けて公開していますか？	
6）要望・苦情対応に関する領域	①	学童保育所への要望や苦情を受け付ける窓口を設置し、子どもや保護者に周知を図っていますか？	
	②	学童保育所への要望や苦情への対応の手順や体制を整備し、子どもや保護者に周知していますか？	
7）職員の処遇と職場倫理に関する領域	①	職員（アルバイトを除く）を対象とした健康診断を実施していますか？	
	②	労災保険や雇用保険への加入など、職場環境の整備を行っていますか？	
	③	社会保険等（健康保険・年金）の加入・整備を行っていますか？	
	④	定期的に給与額や福利厚生など、職員の処遇改善に関する検討が行われていますか？	
	⑤	職場内外への研修・実践検討会・教育訓練等の機会を職員へ提供していますか？	
	⑥	児童クラブの代表者（会長）と放課後児童支援員等が個別に面談する機会を設けていますか？	
	⑦	人権配慮・尊重、守秘義務の遵守、事業内容の向上等に関する職場倫理を明文化して、すべての職員が自覚して職務に当たるようにしていますか？	
	⑧	職場倫理、法令遵守意識向上のための取り組みとして職員間での話し合いや、職場内研修を実施していますか？	
	⑨	入職時には、雇用条件及び職場倫理などについて書面を通じて合意がされていますか？	

領　　　域	No.	評　価　項　目	評価
8）関係機関との連携に関する領域	①	学童保育所の運営内容について学校や町内会等の地域、関係機関（公民館や児童館など）に情報提供（通信やチラシ等）を行っていますか？	
	②	子どもの様子の変化や下校時刻の変更などに対応できるよう、小学校関係者との間で情報交換を行っていますか？	
	③	障がいのある子どもや虐待、いじめを受けた子どもなど特に配慮を必要とする子どもの利用に当たって、小学校関係者と必要な情報交換を行っていますか？	
	④	学校の校庭、体育館やその他の教室等を利用できるように学校との連携を図っていますか？	
	⑤	主に学校内に学童保育所がある場合、学校と学童保育所の管理区分や、学校施設を使用する際のルールを明文化して学校と取り決めていますか？	
	⑥	近隣の保育所や幼稚園（認定こども園）と、学童保育所を利用する予定の子どもの状況などについて情報交換を行っていますか？	
	⑦	近隣保育所や幼稚園（認定こども園）と、子どもや職員同士の交流を行っていますか？	
	⑧	自治会・町内会や民生委員・児童委員等の地域組織活動や子どもに関わる関係機関等との情報交換や情報共有、相互交流を図っていますか？	
	⑨	事故・犯罪・災害等から子どもを守るため、地域住民・組織と連携、協力して子どもの安全を確保する取組を行っていますか？	
	⑩	子どもの病気や事故、子どもの虐待への対応などに備えて、地域の医療・保健・福祉等の関係機関の協力・連携を行っていますか？	
	⑪	学区に放課後子供教室がある場合、学童保育所に通う子どもが放課後子供教室の活動プログラムへ参加していますか？	
	⑫	学区に放課後子供教室がある場合、学童保育所と放課後子供教室のスタッフ間が連携・協力して活動プログラムや行事を実施していますか？	
9）運営内容の評価に関する領域	①	運営の内容について定期的に自己評価を行い、結果を保護者等へ公表し、事業内容の向上を図る改善等を実施していますか？	
	②	自己評価を行う際には、子どもや保護者の意見を取り入れて行っていますか？	
	③	運営内容について第三者評価などの多様な評価を導入するなどして、事業内容の向上を図る改善策等を実施していますか？	

※上表は、毎年岡山市が実施している「岡山市放課後児童クラブ実施状況調査」の調査票にある項目を基に、筆者が追記及び編集した。

評価のその先へ─子どもたちの最善の利益のために

　この評価は、単にチェックして終わりではない。実践者、運営主体者、自治体行政が何をすれば×や△を○に変えられるのか検討して改善することが必要である。そして、今後は各現場、各市町村がボトムアップ的に学童保育をよりよくしていき、現在のような自治体内、都道府県内、日本国内での溝（質的な格差）を埋めることで、全国各地のすべての学童保育所で総体的に子どもたちの最善の利益を追求するにふさわしい場として均質化を図っていきたいものである。それが、新しい時代の学童保育に関わる私たちの役割ではないだろうか。

<註釈ix>

これまで我が国で位置づけられてきた非認知能力としては下表のような力が挙げられる。

名　称	機関・プログラム	出　典	年
生きる力	文部省（当時）	中央教育審議会答申『21世紀を展望した我が国の教育の在り方について—子供に[生きる力]と[ゆとり]を—』	1996
人間力	内閣府（経済財政諮問会議）	『人間力戦略研究会報告書』	2003
就職基礎能力	厚生労働省	『若年者就職基礎能力修得のための目安策定委員会報告書』	2004
社会人基礎力	経済産業省	『社会人基礎力に関する研究会「中間とりまとめ」報告書』	2006
基礎的汎用的能力	文部科学省	中央教育審議会答申『今後の学校におけるキャリア教育・職業教育の在り方について』	2011

ジェームズ.J.ヘックマンが非認知能力に関して提唱した代表的な著書は『幼児教育の経済学』(2015年、東洋経済新報社、解説・大竹文雄、訳者・古草秀子)。2015年にOECDが提唱した「社会情動的スキル」については、同年にベネッセ教育総合研究所が『家庭、学校、地域社会における社会情動的スキルの育成』として和訳した下図を参照してもらいたい。

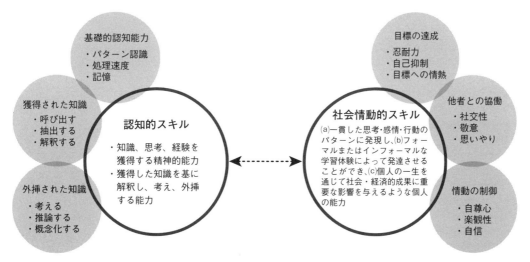

『家庭、学校、地域社会における社会情動的スキルの育成』ベネッセ教育総合研究所／OECD（2015）

また、この社会情動的スキルをふまえて、無藤隆・古賀松香編著『社会情動的スキルを育む「保育内容　人間関係」―乳幼児から小学校へつなぐ非認知能力とは』(2016年、北大路書房) が刊行され、幼児教育によって社会情動的スキルを育んでいることが強調された。

＜註釈 x ＞
　パフォーマンス評価やルーブリック評価については、P・グリフィン、B・マクゴー、E・ケア編、三宅なほみ監訳『21世紀型スキル―学びと評価の新たなかたち』（2014年、北大路書房）やダイアン・ハート著、田中耕治監訳『パフォーマンス評価入門―「真正の評価」論からの提案』（2012年、ミネルヴァ書房）などを主な参考文献とする。また、保育領域で上述のアセスメントに臨んでいる参考文献として、マーガレット・カー著、大宮勇雄・鈴木佐喜子訳『保育の場で子どもの学びをアセスメントする―「学びの物語」アプローチの理論と実践』（2013年、ひとなる書房）がある。

＜註釈 xi ＞
　「学童保育ラボ」とは、全国で初めて放課後児童指導員（当時）固有の資格制度を確立した（特非）日本放課後児童指導員協会の資格取得者たちによって結成された実践研究チームである。テーマ別に研究室が分かれており、実践者と研究者が協働で実践研究を進めている。なお、現在は「実践力研究室」「遊び研究室」「なかま研究室」「家族支援研究室」がある。ちなみに、高岡敦史・籠田桂子編著『学童保育支援員の育ち方・育て方―子どもとクラブの成長を支える人材育成』（2017年、かもがわ出版）は、上述にある「なかま研究室」の成果に基づいた著作である。

おわりに

　1999年といえば、学童保育が放課後児童健全育成事業として児童福祉法にて施行された翌年である。この年に私は、意気揚々と岡山市内の学童保育所へ飛び込んだ。明らかに低い収入で社会保険もない。周囲からは（当時目指していた）小学校教諭をすすめられるとともに、「そんな仕事では生活していけない」「人生そんなに甘くない」などと言われることも多々あった。しかし、私の両親をはじめとして、次第に学童保育の社会的な価値に気づいてもらえるようになり、周囲からの賛同と応援をいただけるようになったことはいまでも忘れられない。また、あの当時、漠然と学童保育が持っている価値を感じていたものの、国や自治体の制度の脆弱さや「指導員」という職業の曖昧さに不安や苛立ちを覚えながら、それでいて「学童保育は、これから必ず制度的にも職業的にも確立されるようになる！」と根拠のない確信を持っていたことも忘れられない。

　そしていま、当時の根拠のない確信が現実のものになろうとしている。設備運営基準、条例、運営指針、国家資格に準ずる資格、予算の拡充……、20年前では夢物語といっても過言ではないことばかりである。また、ここ10年の間には日本学童保育学会という学童保育研究に特化した学術団体や（特非）日本放課後児童指導員協会などのこれまでとは異なる新しい切り口から学童保育を支える団体も誕生した。さらに、全国の大学や短期大学では、学童保育に関する授業科目も開講され始めている。これら学童保育を取り巻く急速な成長に感慨深さを覚えるとともに、これまで学童保育へかかわってこられたすべての方々に敬意の念を抱かずにはいられない。

　さて、本書のタイトルにある「新しい時代」にふさわしく、副題には英語のタイトルを取り入れてみた。英語のタイトルには、森岡明美先生（岡山大学）たちのご協力で10数個に及ぶ選択肢を挙げていただいた。なかでもとりわけ目を引いたのが「Innovations in After-School Childcare Practices」である。この「イノベーション」とは、新しい結合などを意味する言葉である。そこで私は、イノベーションという言葉に、これまで先駆的に取り組まれてきた学童保育実践や提起されてきた学童保育論と新たな制度・仕組みや

121

理論・見識とが結合されることで、新しい時代の学童保育を創り出していきたいという願いを込めた。

　ちょうど本書の第2章と第3章のように、これまでの先駆的な提起がこれからのスタンダードになろうとしている。その一方で、これまでにはなかった新たな考え方や取り組みを積極的に受け入れ、挑戦を続けていく必要がある。双方が結びつくからこそ、さまざまな変化の中で真に子どもたちの最善の利益のための学童保育を創り出せるのではないだろうか。そして、この先の時代では「世界に誇れる日本の学童保育」になることを目指していきたい。そのためにも、やはり学童保育現場での実践こそが最も重要であり、実践者の方々にはプロとしての実践力を高め続けていただきたい。本書がそのために少しでもお役立ちできるのであれば、これほど光栄なことはないだろう。

　さて、本書を書き上げるに到るまで、本当にたくさんの方々からお力添えをいただいた。特に、私が「盟友」と信じている田中一将さんをはじめ全国各地の学童保育実践者や学童保育研究者の方々、学童保育を支えられている各法人の方々には、いつもながら感謝の思いばかりである。また、今回もかもがわ出版の吉田茂さんのご尽力があって本書の刊行に到ることができた。この場をお借りして御礼申し上げたい。

　最後に、いつも未熟な私を導き、支えてくださっている我が師・住野好久先生の新しい門出を祝して本書を締めくくりたい。

2017年10月

中山　芳一

［著者略歴］

中山　芳一（なかやま　よしかず）

　1976年、岡山県岡山市生まれ。約9年間の学童保育指導員経験を
ふまえて保育実践の研究を進めている。目指すところは、実践と研
究と運動の三位一体による学童保育の総合的な質の向上。

　現在は、岡山大学全学教育・学生支援機構准教授、日本学童保育
学会理事、（特非）日本放課後児童指導員協会副理事長、（一社）子
ども學びデザイン研究所所長など。

　主な著書に、『学童保育実践入門―かかわりとふり返りを深める』
2012年、『コミュニケーション実践入門―コミュニケーション力に
磨きをかける』2015年（いずれも単著、かもがわ出版）など。

新しい時代の学童保育実践
Innovations in After-School Childcare Practices

2017年11月20日　第1刷発行
2020年10月20日　第3刷発行

著　者 ©中山　芳一
発行者　竹村　正治
発行所　株式会社 かもがわ出版
　　　　〒602-8119 京都市上京区堀川通出水西入ル
　　　　TEL 075(432)2868　FAX 075(432)2869
　　　　ホームページ http://www.kamogawa.co.jp
製　作　新日本プロセス株式会社
印　刷　シナノ書籍印刷株式会社

ISBN978-4-7803-0940-9 C0037